Aldo Cutipa

Como Ganar Dinero

Aldo Cutipa

Como Ganar Dinero

en tiempos de cuarentena y en generaciones futuras para toda la familia

JustFiction Edition

Imprint
Any brand names and product names mentioned in this book are subject to trademark, brand or patent protection and are trademarks or registered trademarks of their respective holders. The use of brand names, product names, common names, trade names, product descriptions etc. even without a particular marking in this work is in no way to be construed to mean that such names may be regarded as unrestricted in respect of trademark and brand protection legislation and could thus be used by anyone.

Cover image: www.ingimage.com

Publisher:
JustFiction! Edition
is a trademark of
Dodo Books Indian Ocean Ltd., member of the OmniScriptum S.R.L Publishing group
str. A.Russo 15, of. 61, Chisinau-2068, Republic of Moldova Europe
Printed at: see last page
ISBN: 978-620-3-57511-8

CÓMO GANAR DINERO

En tiempos de cuarentena y en futuras generaciones. Para toda la familia

El sistema te venda los ojos, sólo tú puedes liberarte

Por Aldo Cutipa

A mí querid@ lector (a).

A tí querid@ lector (a) Te invito a sumergirte en este contenido del libro ya que te abrirá la mente y así descubrirás el camino que buscas en el mundo financiero, porque no sólo es como dice el título, sino que también dependerá de tí descubrir cada mensaje y tal vez quedes confundid@ con el contenido al finalizar la lectura pero que eso no te detenga ahí, al contrario, que sea tu motivación para que puedas empezar a aprender y a sumergirte en este mundo de la Internet y las redes que desde hace tiempos atrás se convierte en la habilidad y conocimiento más requerido para el sistema económico. La ignorancia muchas veces nos mantiene quietos y con eso viene el temor a este mundo, es como en la película, ***"los croods",*** el padre de esa familia le tiene miedo a todo lo nuevo pero su hija **"Eep"** es la que siempre está curiosa a todo lo nuevo y a pesar de los concejos temerosos de su padre, ella siempre aprende y descubre cosas nuevas. Te recomiendo que veas esta película y si ya lo hiciste te invito a que lo vuelvas a ver y reflexiones el contenido de este libro con la película o puedes seguir en tu ignorancia y seguir con tu miedo. **Todo depende de ti.**

Prólogo

Este contenido de iluminación comenzó en un tiempo de necesidad mundial, donde familias y personas de la clase media y baja pedían auxilio económico para medicamentos y alimentos a su gobierno, en especial las familias de clase baja porque tenían más de tres hijos que mantener y en algunos casos hasta diez. Este tiempo de necesidad y angustia fue llamado *cuarentena* a causa de una enfermedad que como sabemos afectó al mundo entero, el coronavirus o covid-19, enfermedad que era invisible mató a millones de personas, niños, jóvenes, adultos y adultos mayores, metiéndose por las vías respiratorias afectando al cuerpo humano con síntomas graduales como; *fiebre, escalofríos, tos seca, pérdida del apetito, fatiga, sensación de falta de aire, congestión nasal, dolor de garganta, pérdida o disminución del olfato y del gusto, tos con flema, dolor en músculos o articulaciones, dolor de cabeza, diarrea náuseas o vómitos, picor o erupción en la piel.* Pero en caso de que fuera grave; *alteración de la conciencia, convulsiones, fiebre alta tos con sangre, dificultad para respirar evidente, coloración azulada de los labios y la piel (cara, dedos…) dolor torácico persistente, pulso irregular, poca o nula micción.*

El coronavirus o covid-19 enfermedad que creó el hombre o fué enviado por el creador de todo lo que está a nuestra vista? Hay varias hipótesis, como desde que el hombre asiático que creó a voluntad esta enfermedad hasta aquel hombre aciatico que comió murciélago y quedó infectado por el virus, también está el versículo de la biblia isaías 24: 1

Ante todo esto el instinto de supervivencia del ser humano hizo que los más osados no se queden en casa para no morir de hambre, entonces fue cuando empezó este contenido de iluminación llamado *Cómo hacer dinero en tiempos de cuarentena.*

Como ganar dinero en tiempos de cuarentena y en tiempos futuros, para toda la familia.

Quizá no somos un cantante de hip-hop ganador de discos multiplatino pero alguno de nosotros se puede identificar con Drake cuando dijo "yo solo tengo a mi cama y a mi madre, lo siento". Por muy divertido que pueda ser construir amistades con los compañeros en una oficina es difícil rechazar un trabajo en el que puedas ganar dinero desde casa, sin siquiera salir de tu pijama.

Existe una gran cantidad de artículos en la que te explican cómo hacer dinero desde casa. El problema es que la mayoría te dicen cómo vender tus cosas en eBay o te ofrecen soluciones a corto plazo como trabajar como freelancer (persona de libre dedicación).

El sueño de tener un trabajo que te brinde beneficios y un ingreso regular, sin dejar tu casa, puede ser real. A medida que el mundo incrementa su confianza en Internet, es más fácil hacer dinero desde casa o desde cualquier parte del mundo.

La crisis del coronavirus provocó que el mes de marzo del 2020 fuera el peor de la historia para el empleo en España desde el inicio de los registros en 1985. El número de afiliados a la Seguridad Social se redujo en 833.979 personas y hay que tener en cuenta que el dato no recoge a las que se han visto afectadas por los

ERTES. El confinamiento ha obligado a numerosas empresas y autónomos a paralizar su actividad y miles de trabajadores permanecen en sus casas a la espera de lo que ocurrirá en el futuro y con la incertidumbre de saber las consecuencias reales de la pandemia sobre la economía, pero eso no es impedimento para seguir adelante y progresar ya sea en el aspecto económico o en otros aspectos que tú decidas.

En este libro descubrirás cómo hacer dinero desde casa sin sacrificar ventajas esenciales, incluyendo beneficios y seguridad laboral. Aquí te revelo trabajos de tiempo completo con los que puedes ganar dinero desde tu casa y sacarle beneficio a la cuarentena, disfrutalo.

Escritor

Si estudias literatura seguramente has escuchado comentarios sobre lo difícil que es encontrar trabajo o lo inútil que es la licenciatura. Sin embargo, a medida que crece el mundo en línea se abren oportunidades para que los escritores puedan trabajar desde una cafetería o su casa.

Los escritores pueden estar en cualquier industria. Los negocios los necesitan para crear copias de ventas y marketing a medida que desarrollan y actualizan tiendas en línea, necesitan escritores que puedan proveerles de un manual digital de instrucciones limpio y claro (sin caer en escrituras técnicas) o sólo de contenido bueno o valorado. Los trabajos como escritores de tiempo completo en publicidad, mercadotecnia y posicionamiento de marca definitivamente están disponibles, ya que los negocios están en constante cambio y actualización de sus sitios web y otros medios donde el contenido y los mensajes tienen lugar.

El novelista y escritor de best-sellers **Neil Gaiman** dijo una vez que existen tres atributos que un buen escritor debe tener: su trabajo siempre a tiempo, un trabajo excelente y ser siempre agradable. Gaiman recalca que un escritor exitoso debe poseer necesariamente al menos dos de estas tres cualidades.

Sin embargo, la extensa cantidad de correos que los escritores y compañías reciben a diario significan que es más fácil decirle a alguien "No" que no responder nada en absoluto. Ser escritor es estar dispuesto a ser rechazado,pero también a hacer un esfuerzo adicional. No te conformes con tener dos de estas tres cualidades,

como sugiere Gaiman. Si quieres hacerte irresistible para los negocios dá lo mejor por ser agradable, competente y puntual.
Necesitará algo de conocimiento técnico si quieres estar disponible como escritor en línea. Ovio, no necesitas ser Bill Gates, pero al menos deberías saber como agregar un enlace y cortar una foto. Puedes practicar estas habilidades entrando a sitios como WordPress, experimentando con sus herramientas y publicando un par de historias. De esta manera, podrás obtener experiencia y crear un pequeño portafolio de artículos que podrás compartir con las empresas cuando quieras postularte para escribir en ellas. De acuerdo con **Payscale.Com** el rango anual del salario de un escritor en los Estados Unidos es de aproximadamente $48,000.

Editor de videos

Probablemente habrás escuchado el muy usado término "pivot to video" en algún punto lo cual se refiere a la broma y la aceptación del hecho que muchos editores están introduciendo su videos en recursos.
Comprar publicidad en videos es más costoso que comprar la tradicional porque conducen a tasas de clics elevadas, lo que significa que un negocio potencialmente puede hacer mucho dinero a través de los videos más que usando otra formas de contenidos. Así que si sabes cómo crear excelentes videos que hacen que las personas quieran verlos y que generen ingresos o suscripciones en un sitio web, puedes convertirte en un agente muy valioso.

Producir videos es mucho más caro que producir textos o contenido escrito, así que siempre es bueno ser versátil, sobre todo es importante como editor y productor. Trata de convertirte en un experto en cada aspecto de la producción de video, debes saber desde iluminación hasta sonido y editor de fotografía. Aprende la diferencia entre lo que funciona en un Facebook Live y lo que funciona en Youtube.

Si aprendes hacer todo, entonces puedes reducir el equipo de filmación a una persona además permitirás a las compañías ahorrar costos y disfrutar de los ingresos de publicidad en video. Eso te convierte en un activo importante ya que permite a las empresas reducir riesgos y esto puede ayudarte a ser un empleado de tiempo completo. Por lo tanto, si ya eres un profesional en cuadrando una toma asegúrate de dominar el software que necesitas. Si eres un genio con la computadora, trata de hacer algunos Facebook Lives, entrevistas y otros tipos de video para asegurarte que estás preparado para cualquier cosa.

Si vas a trabajar desde casa en una computadora todo el día, tiene sentido que puedas hacerlo de forma remota. De acuerdo con un estudio de Quartz, es por ello que quienes trabajan en informática tienden a hacerlo desde casa con más frecuencia que cualquier empleado de otro campo.

Si estás trabajando para una compañía global, como Google, el negocio probablemente ya haya establecido una infraestructura para la comunicación entre oficinas, lo cual lo hace más sencillo para los trabajadores remotos. Además, quedarse en casa significa que la oficina -la cual puede llegar a extremos para atraer a talentosos trabajadores de tecnología- puede ahorrar en almuerzos y refrigerios gratis. Es un ganar-ganar tanto como para empleadores como para trabajadores.

Generalmente, las grandes compañías son(o al menos deberían ser) flexibles si quieres trabajar desde casa un par de días a la semana. Pero si quieres hacerlo por tiempo completo es mejor apostar por las pequeñas empresas porque trabajando desde casa podrás ahorrar algo de espacio en la oficina. Probablemente puedas encontrar un montón de startups o pequeños negocios buscando ayuda tecnológica con recursos para pagar un salario, pero que no te reubiquen ni paguen por espacio adicional de oficina.

En cuanto al trabajo en sí, existen una buena posibilidad de que necesites una red virtual privada (VPN) para conectarte de modo seguro al sistema de tu empresa, así como algunas medidas de habilidades organizativa (Tip: puedes usar herramientas de organisation como trello) para asegurarte de que estás al corriente de los proyectos. El pago por ser programador de tiempo completo es bastante lucrativo y el promedio anual del salario es sobre los $60,000 de acuerdo con Payscale.com

Asistente virtual

Con tantos negocios utilizando trabajadores remotos, tiene sentido que en las compañías ya existan los asistentes remotos. Los asistentes virtuales pueden organizar las vidas personales, ya sea con citas o reservando viajes,también pueden administrar las

comunicaciones entre los empleados o entre un empleado y sus clientes. En conclusión, un buen asistente virtual puede administrar las tareas de todos,hacer que el día de trabajo sea mejor y más corto, y debe tener fuertes habilidades de comunicación y tecnología para realizar este papel de forma remota.
De acuerdo con un colaborador de Entrepreneur, Bryan Miles, existen tres razones principales por las cuales un negocio quiere contratar a un asistente virtual.
Mejora la comunicación, lo que lleva al crecimiento del negocio. Todos sabemos lo que es tener un alud de mensajes esperando en nuestra bandeja de entrada o en el correo de voz, además lo difícil que es estar al día con todo lo necesario. Como asistente virtual tu trabajo podría asegurarte de que cada correo importante reciba a tiempo una buena respuesta, lo que ayuda al negocio a construir la confianza alrededor de sus consumidores y sus empleados.
Inspirando a sus jefes.
Al hacerse cargo de los elementos en una lista de tareas pendientes, puede liberar el tiempo de los líderes empresariales lo suficiente como para que prueben cosas nuevas. Al organizar su tiempo puedes ayudarles a delegar los proyectos que no necesitan su atención inmediata y a enfocarlos en los que más importan, pero desde luego esto puedes practicarlo con alguien que conozcas así no te exigirán un título o algo que te desmoralice.

Hacer la vida de los demás más fácil. Cuando ayudas a optimizar el trabajo de los demás les permites dedicar

menos tiempo al trabajo y más tiempo a otras actividades importantes.
Si bien el pago de un asistente virtual no es competitivo con la escala salarial de un programador, puedes aprovechar el aspecto remoto del trabajo haciéndolo para una empresa que tiene su sede en la ciudad de Nueva York, San francisco u otra ciudad de altos suelos, ya que conocer estos mundos (por así decirlo) te ayudará bastante en tu experiencia.

¿Cómo ganar dinero como asistente virtual?
Algunos negocios son cautelosos con el concepto de asistentes virtuales. Proveerles a extraños acceso a la comunicación privada o a información confidencial hace que tener un asistente virtual sea más peligroso que contratar otro tipo de teletrabajadores.
Si quieres ser un asistente virtual, has de tu confianza la prioridad número uno (por eso te sugerí anteriormente que lo hagas con alguien que conozcas así evitaras problemas). Enfócate en la organización, responsabilidad y en las comunicaciones claras sobre todo (practicar la discreción también es bueno), de este modo tu empleador sabrá con quien puede contar.
También es una buena idea conocer y manejar Microsoft Office. Probablemente ya sabes usar Word bastante bien, pero muchos puestos de asistente requieren que trabajes con hojas de cálculo, así que es mejor que te sientas cómodo con Excel también.

Social media manager

Las redes sociales no solo son divertidas disipadoras de la mente, porque subes imágenes y videos que puedes compartir con tus amigos. También son un lugar donde miles de marcas y negocios compiten por espacios de marketing, y muchas veces, por la misma audiencia. Si puedes ayudar a los negocios a avanzar en ese entorno, puedes forjar una posición valiosa dentro de una empresa. Sin embargo, uno de los aspectos más importantes del social media manager es alguien que pueda entender el tono y la voz del negocio que representa. Por ejemplo, un social media manager de Wendy debe usar un tono diferente al de McDonald's, aunque ambos sean restaurantes de hamburguesas en la comida rápida.

Cuando trabajas desde casa, es fácil encontrarte desconectado de la compañía para la que trabajas. Pero ser un social media manager es sobre todo estar al día con el negocio, saber qué está sucediendo, qué necesita ser promocionado y porque la audiencia debe estar emocionada por ello, esto permitirá saber qué etiquetas usar para dar en el clavo.

Similar al asistente virtual tendrás que tener bien desarrollada tus habilidades de organización y comunicación si quieres convertirte en un social media manager. Ayuda ser un usuario frecuente de Facebook o Twitter, pero podría ser más importante saber cómo usar herramientas con las cuales manejar las redes sociales, tales como HootSuite o SocialFlow, Facebook Analytics y mucha más. Al igual que un asistente virtual debe estar disponible para comunicar tus esfuerzos y lo que han logrado tus campañas para que el empleador pueda reconocer tu valor.

1. Saber cuánto contenido publicar, este consejo va en dos aspectos. Por un lado, no quieres mostrar contenido indeseado para que las personas se alejen de tu plataforma, pero si no publicas lo suficiente podrías estar perdiendo un gran potencial de oportunidades. Así que descubre un buen horario en el que las publicaciones funcionen, para el negocio – cada plataforma que uses – y mantenlo (y aprovecha en grande esta cuarentena aprendiendo esto).

2. Sé genuino, pasamos mucho tiempo conectados como para fijarnos cuando las personas están hablando de algo en lo que creen, o si están tratando de forzarnos a hacer algo indeseado. Es por eso que es tan importante tener una idea de su empresa y su público: saber lo que les importa, para poder usar esto para orientar la manera en que publicas.

3. Interactúa, la mejor parte de las redes sociales es que nos permite a todos interactuar ¡usa eso como ventaja! Los consumidores y los miembros de la audiencia aman sentirse vistos y escuchados, así que asegúrate de responder algunos de sus comentarios y comprométete lo más que puedas en ello.
Siguiendo estos tres pasos, puedes crear un fuerte reconocimiento de marca a través de redes sociales que se convierta en visitas a la pagina, ingresos publicitarios o ventas sin sacrificar nada. No necesitas

ningún programa adicional para convertirte en un social media manager, con que sepas navegar en facebook, Instagram, y otras apps con tendencia, tienes mucho para empezar.

Telemarketing

Las ventajas de este tipo de trabajo es que lo puedes hacer desde casa y los horarios pueden ser muy flexibles, permitiéndote balancear tu vida como mamá. Además no necesitas tener un título universitario ni un entrenamiento excesivo, así que la barrera de entrada es relativamente baja, sólo dependerá de ti.

Lo que probablemente necesites para este trabajo desde casa que requiere hacer muchas llamadas para vender productos, hacer encuestas o solicitar donativos, es tener buena dicción, ser amable y muy social. Y si tienes algo de experiencia en ventas es una ventaja para ti.

Transcripciones

El trabajo de transcripciones puede ser muy bueno para el estilo de vida de una mamá, porque puede ser hecho de manera remota y no requiere de mucho entrenamiento para empezar a trabajar. Sin embargo, debes ser consciente que aunque parezca que sólo tienes que escribir, el trabajo requiere de toda tu concentración. Esta opción es ideal para los papás que tienen hijos en la escuela o que tienen familiares que los puedan cuidar mientras tú trabajas.

El trabajo de transcripción es algo diario y la carga puede variar día con día, a menos que trabajes para una compañía específica en lugar de trabajar como freelance (trabajador autodidacta).

Servicio al cliente

Esta posición por horas tiene una barrera de entrada bastante baja, y es muy útil para las mamás y papás que quieren trabajar desde casa y no tienen tiempo para entrenamiento o educación adicional. El trabajo de un representante de servicio al cliente consiste, por lo general, en tomar llamadas y ayudar a los clientes. El trabajo es por turnos, y como estarás interactuando con mucha gente por teléfono, una ventaja es ser capaz de mantener la calma, ser amable y estar orientado hacia las soluciones porque los clientes suelen estar enojados o frustrados.

Experto en línea

Online expert

La economía y la oferta de trabajos en casa han abierto todo un mercado en línea para las mamás que pueden vender su experiencia online. Mamás con títulos profesionales en diferentes industrias como contabilidad, leyes, medicina, ciencias sociales, escritura, marketing o veterinaria pueden crear sus perfiles para que los clientes los seleccionen.

Otra forma en la que las mamás pueden vender su experiencia en línea es creando una clase en su ramo (finanzas personales, hablar en público o recolectar donativos). Esto requiere de un gran trabajo previo, como grabar videos, crear una agenda y claro, tareas para los alumnos. Sin embargo, una vez que lo tengas listo, lo único que tienes que hacer es subir tu clase en línea y quedarte con un porcentaje de las ventas.

Investigador de mercado
Market tester and researcher

Las compañías quieren saber tu opinión y están dispuestas a pagar por ella. Para la mayoría de estos trabajos no necesitarás salir de casa, pero sí vas a necesitar una computadora o un smartphone con acceso a Internet. Sin embargo, el sueldo por este tipo de trabajo varía. Por ejemplo, un investigador en línea puede ganar bs. 6,95 ($10) por un test que te tome 15 minutos. Así que dependerá de cuántas evaluaciones puedas hacer en un día, porque la realidad es que lo más probable es que no estés haciendo test tras test todo el día.

Venta de artesanías en línea
Online crafts seller

¿Eres buena con las manualidades? Tal vez puedas vender diseños únicos en tiendas en línea como Etsy, o en otros sitios menos conocidos como Amazon Handmade, Bonanza, Craft Is Art, ArtFire, Artcra y Zibbet (o en Kichink en México). La mayoría de estos sitios contra una pequeña cantidad por ofrecer tus artículos y un porcentaje de cada venta que hagas (en Etsy es 3.5 por ciento).

"Casero" en la economía compartida

Si tienes un cuarto extra o un sótano remodelado o un garaje para rentar, puedes unirte a la economía compartida y rentar un espacio de tu casa en Airbnb. También puedes ofrecer tu casa para vacaciones lejos de casa. (HomeAway)

Recomienda lugares y contesta encuestas

En este tiempo de cuarentena desde la comodidad de tu hogar es posible ganar dinero extra en Internet. Regístrate sin costo en Jobs Online. El proceso es rápido y sencillo. Solo debes hablar de los mejores lugares de tu ciudad en Internet, también podrás ayudar a realizar estudios de mercado para marcas, contestando encuestas.

En esta plataforma no tienes que pagar ningún tipo de comisión, lo único que debes hacer es darte de alta como colaborador ¡y listo! Podrás generar un ingreso extra estés donde estés. Mensualmente recibirás tu pago vía PayPal (si no tienes una cuenta te recomiendo crearte una). Puedes registrarte y ganar dinero desde donde te encuentres con Jobs Online.

Distribuye bienestar

Como distribuidor o asesor de bienestar Nikken tendrás un negocio independiente con gran potencial de crecimiento, donde podrás compartir productos de salud garantizados y avalados a nivel internacional, promover una cultura de bienestar, contribuir al cuidado del medio ambiente y por si fuera poco, adquirir productos a precio de mayoreo, desde luego esto puedes realizarlo con mucha astucia ya que este libro se escribió para ganar dinero en tiempos de cuarentena.

Para afiliarte solo necesitas identificación oficial y una cuenta bancaria a tu nombre. Con esto la empresa te ofrece entrega sin costo para tus clientes en todo América Latina, así como tu propia tienda virtual personalizada, capacitaciones, bonos especiales, incentivos de premios y viajes e independencia total para elegir la escala de tu propio negocio, y lo mejor, ¡todo esto desde tu casa! Generar ingresos extra sin invertir un solo peso es muy sencillo, puedes registrarte en: Afiliarse a Niken.

Ganar dinero en línea o desde casa es el futuro
Personalmente esta parte del libro me gusta más ya que estamos en tiempos de cuarentena y es aplicable no sólo para este tiempo sino que para años venideros. Si sueñas con hacer un guardadito desde la comodidad de tu cama, tienes suerte. Es más fácil que nunca trabajar desde casa en línea de una forma que realmente te beneficie y a tu empleador, por lo que no tiene que conformarse con alquilar tu casa en Airbnb o vender tus cosas en Amazon. Puedes utilizar estas diferentes maneras de trabajo y crearte un lugar dentro de la industria que elijas con nada más que una computadora portátil, una conexión Wifi y las habilidades que ya tienes.

Sin embargo, independientemente de la ruta que elijas, tendrás que trabajar para mantenerte conectado con los eventos actuales en tu empresa y con el resto de tu equipo. Como el poeta John Donne dijo una vez: "Ningún hombre es una isla".

Pero puedes trabajar desde casa en este tiempo de cuarentena y aún así disfrutar de un tiempo libre muy bien remunerado.

Profesor particular online

Ante el cierre de los colegios y de los centros de formación, una buena oportunidad es convertirse en profesor particular sin necesidad de salir de casa. Webs como Classgap ofrecen esa posibilidad fijando tú mismo el horario y los precios. Estos días los alumnos siguen sus clases de forma online y si hay algo que se te da bien o de lo que tienes amplios conocimientos puedes ayudarle en su tarea, hay mucho por compartir, no crees??.

Diseñar camisetas y otros productos

Si se te da bien el diseño de moda hay páginas en Internet en la que puedes vender tus productos. Una de ellas es SpreadShirt, donde puedes colgar tus propias camisetas, sudaderas, tazas o carcasas para móviles. Si algún usuario está interesado en ellas, la plataforma se encarga de fabricarlas y enviársela y tú te quedas un porcentaje.

Vender tus fotos a bancos de imágenes

Hay portales y bancos de imágenes como Twenty20, Fotolia, Getty o DepositPhotos que compran fotografías a profesionales, que se llevan un porcentaje cada vez que un usuario las adquiere. Además, si tus trabajos llaman la atención en este tipo de plataformas puedes conseguir clientes.

Asistente de ventas de Ebay

En Ebay no sólo puedes ganar dinero vendiendo tus productos, sino también ejerciendo como asistente de ventas. Para ello la plataforma exige varios requisitos, pero si lo consigues te llevarás un porcentaje de las ventas de tus clientes.

Vende productos que no utilices

No se trata de un negocio en sí mismo, pero con plataformas como Facebook podrás ingresar un dinero extra y al mismo tiempo deshacerse fácilmente de cosas que ya no utilizas. Durante la cuarentena puedes enviar el producto que vendas sin tener que salir de casa.

Redactor de contenidos

Uno de los empleos que más ha crecido gracias a Internet es el de redactor de contenidos. Todas las páginas web necesitan textos de carácter informativo, publicitario o para posicionarse en los buscadores y hay portales como Publisuites o Textbroker en los que puedes ofrecer tus servicios. También puedes trabajar con empresas o particulares, solo estira tus alas así encontrarás el camino.

Realizar encuestas online

A las empresas les interesa conocer la opinión de sus clientes y la forma en la que pueden mejorar y por ello realizan diferentes encuestas. Hay webs que las recogen y que pagan una pequeña cantidad a los usuarios por realizarlas. Entre ellas están GlobalTestMarket o Future Talkers.

Traductor de contenidos

Si te manejas en uno o varios idiomas extranjeros, una opción es trabajar desde casa como traductor de contenidos y documentos. Puedes darte de alta en páginas como One Hour Translation o Gengo, que te harán una prueba inicial antes de ponerte en contacto con distintos clientes.

Mostrar tus creaciones

Plataformas como Patreon ayudan a creadores o artistas a mostrar su talento para que puedan recibir financiación para sus proyectos directamente de sus seguidores.

Publicar en plataformas de autoedición

Si lo tuyo es escribir puedes publicar tus libros o tus manuales en plataformas de autoedición como Amazon o Bubok. En caso de que alguien se interese en tus creaciones y las compre, recibirás un importe.

Testar páginas web

Cuando una empresa o cualquier persona va a lanzar una página web necesita comprobar que no existe el más mínimo error y para ello cuentan con los servicios de los llamados beta tester. Hay páginas como UserTesting en las que te puedes registrar y comenzar a trabajar en ello.

Ganar dinero siendo niño

Elabora una caja o bolsa de niñera antes de tu primer empleo. Debes llenarla con todo lo que podrías necesitar (por ejemplo, un botiquín de primeros auxilios, bocadillos y un cargador de respaldo para tu teléfono celular). Asimismo, debes incluir cosas para los niños, como libros para colorear, pegamento con brillantina, juguetes y rompecabezas, recuerda tu infancia y sé creativo.

Opta por artículos de acuerdo con las edades de los niños. Por ejemplo, en caso de que vayas a cuidar a un bebé, debes llevar animales de peluche y no juguetes que contengan partes pequeñas con las que pueda atragantarse.

En un kit básico de primeros auxilios, debes incluir vendas adhesivas, alcohol en gel, cinta médica, toallitas húmedas y guantes, y también debes determinar el monto a cobrar (de acuerdo a tu experiencia) antes de empezar.

Preséntate 15 minutos antes para repasar las reglas con los padres. 15 minutos es el tiempo suficiente como para repasar todas las reglas de la casa, las expectativas y la información de contacto antes de que los padres se vayan. Consúltalos también sobre la hora de dormir, las alergias y la forma como disciplinan a sus hijos, tomando nota de ello en un cuaderno para así no olvidarlo.

Este constituye un buen momento para hablar sobre tu pago, si es que aún no lo han hecho. Informales sobre tu tarifa en ese momento, aunque es probable que te paguen al volver a casa.
¡Evita llegar tarde! Si llegas aunque sea un minuto tarde, darás la impresión de ser irresponsable y de pocaconfianza.
Desde luego esta opción no es tan adecuada para un tiempo de cuarentena, pero lo puedes tomar en cuenta para el futuro y así tienes una experiencia para generar dinero extra siendo niñ@, pero antes puedes conversar con tus padres para empezar algo por ti mismo.

Mantente firme si es que los niños se portan mal. Debes ser firme con ellos. Si intentan decirte que sus padres les permiten hacer algo que específicamente te dijeron que sus hijos no hicieran (por ejemplo, quedarse despiertos después de la hora de dormir), más vale prevenir y acatar las reglas de los padres. Ellos se quedarán impresionados con tu madurez y responsabilidad, y, con suerte, te pedirán que regreses. Si tienes dudas, pregunta. Nunca dudes en llamar a los padres cuando no estés seguro acerca de algo o si es que los niños se portan mal. Más vale prevenir que lamentar.
Nunca debes pegarle a un niño ni gritarle con severidad. Con una voz autoritaria, recuérdales las reglas y las consecuencias si es que no dejan de portarse mal y enseguida ellos te obedecerán y además si te gustan los niños no tendrás que ser o verte tan amenazante.

Toma un curso de capacitación o certificación si tienes 11 años, como mínimo. Quizás puedas encontrar uno en un centro comunitario local o en línea en el sitio web de algún hospital. Asimismo, debes certificarte en primeros auxilios y en reanimación cardiopulmonar (RCP). Esto no solo te enseñará una gran cantidad de información útil sino que estar certificado también te ayudará a conseguir empleo cuidando niños, ya que los padres tendrán más confianza en ti.

Ten en cuenta que los cursos en línea suelen costar alrededor de bs.35 (calcula esto en dólares), mientras que el precio de las clases presenciales puede ascender a los bs.89.

En caso de que no hayas cumplido los 11 años o aún no te sientas cómodo estando a solas con otros niños, puedes empezar como ayudante de una madre, ya que así cuidarás a los niños o jugarás con ellos en tanto su mamá o papá aún estén en casa.

Cómo ganar dinero siendo adolecente

¿Se puede ganar dinero sin tener la mayoría de edad?

Sí, claro que se puede. En Bolivia ya tenemos leyes que

apoyan a los niños que trabajan por necesidad y la edad no es un impedimento para lograrlo, pero eso no quiere decir que abuses de tí mismo, cuidarte elemental.

Entre los 16 y los 18 años es más fácil todavía, ya que aparte de ganar dinero de forma esporádica, puedes empezar a trabajar en cualquier sector siempre y cuando tengas el consentimiento expreso de tus padres.
Teniendo en cuenta las tremendas dificultades que tienen los jóvenes para incorporarse al mercado laboral, no está de más conocer algunas alternativas fiables y seguras para no depender tanto del dinero que recibes de tus progenitores, ¿no crees?. Pero esta opción tampoco es muy recomendable para un tiempo de estado de cuarentena, pero también te invito que lo tomes en cuenta para el futuro ya que este tiempo de cuarentena es momentáneo.

¿Qué hacer para ganar dinero siendo adolescente?
Para aprovechar todas las maneras de ganar dinero siendo adolescente que existen en la actualidad, simplemente debes poseer un teléfono móvil, un ordenador y por supuesto una conexión a Internet.
Doy por hecho que ya dispones de alguna de las tres cosas (o todas), de lo contrario no estarías leyendo este post ¿no? Aparte de los medios físicos, también es fundamental que no tengas una idea equivocada de lo que significa conseguir dinero por Internet.
Nadie va a regalarte nada. Necesitas invertir algo de tiempo y un poco de esfuerzo, exactamente igual que lo que nos ocurre al resto de personas a los que la adolescencia nos abandonó hace ya muchos años.

Cómo ganar dinero rápido siendo adolescente.

Teniendo bien claro los puntos anteriores, a continuación te voy a mostrar las mejores formas de ganar dinero siendo un adolescente.
Recuerda que no se trata de ningún trabajo (aunque puede llegar a serlo), sino simplemente de una manera rápida y sencilla de conseguir unos bolivianos/dólares extra todos los meses.

Aplicaciones móviles para iOS y Android

En la actualidad existen cientos de aplicaciones donde puedes ganar dinero de diversas maneras: jugando, caminando, realizando tareas, ahorrando e incluso sin hacer nada, sólo teniendo una aplicación instalada en segundo plano.
Debido a que el teléfono se ha convertido en una parte más de nuestro cuerpo (lo llevamos a todas partes), estas aplicaciones te permiten conseguir un buen dinero extra de forma muy cómoda y desde cualquier lugar del mundo.

Visualizando anuncios de publicidad

Otra forma muy fácil de ganar dinero siendo adolescente es visualizando anuncios de publicidad. Las páginas que ofrecen esta posibilidad son completamente gratuitas y no requieren de ningún tipo de conocimiento. Simplemente se trata de hacer clic en anuncios y visualizarlos durante algunos segundos y lospagos te llegarán por vía PayPal.

Vende objetos de familiares

Siguiendo la línea del método anterior, puedes aprovechar tu destreza con el manejo de Internet para vender aquellos objetos que tus familiares no quieren o no necesitan. Esto funciona realmente bien con los abuelos, que como es evidente, no tienen ni idea de cómo vender cosas por Internet.

A ellos les puede venir de lujo tu ayuda para deshacerse de ciertas cosas, y tú a cambio sólo tienes que pedirles una pequeña comisión (o grande, como tu veas, jeje).

Aprovecha las redes sociales

Según los últimos estudios realizados, existe un dato que seguramente no conozcas y que resulta realmente revelador: el 75% de los millennials confían más en lo que publican sus influencers favoritos que en cualquier marca, anunciante o medio de comunicación.

Interesante ¿verdad?

Como es evidente, esto ha provocado que muchas de estas personas influyentes y con miles de seguidores se conviertan en el objetivo principal para infinidad de empresas y anunciantes, que saben que pueden aumentar sus ventas de manera exponencial utilizando su imagen.

Aunque lo más probable es que tú todavía no hayas alcanzado ese nivel de influencia, no debes preocuparte, ya que existen varias alternativas para que puedas monetizar tus redes sociales aunque tengas pocos seguidores.

Enseña a personas mayores

Es un hecho que la gente mayor es más reacia a usar las nuevas tecnologías porque no las entienden y piensan que pueden ser engañadas. Incluso la gente de mediana edad (como por ejemplo, tus padres), seguro que alguna vez te han pedido ayuda con alguna cosa relacionada con Internet, ¿verdad?
¿Por qué no sacar provecho de esto?.

Ayuda a personas que viven solas.

¿Te has fijado si alguno de tus vecinos es una persona mayor que vive sol@? Si es así, puedes preguntarle si necesita ayuda para pequeñas tareas cotidianas como tirar la basura, comprar en el supermercado o simplemente ir al médico.
Por si no lo sabías, el número de personas de avanzada edad que viven completamente solas es cada vez mayor, por lo que ofrecerte para una ayuda mutua suele ser bienvenida y además puedes aprender de sus historias si es que te las cuentan, porque aprender nunca está demás.

Contacta con negocios locales

Este método funciona de maravilla, te lo puedo asegurar. ¿Por qué digo esto? Muy fácil, porque yo mismo lo he utilizado, jeje. Se trata de visitar los negocios de tu pueblo o ciudad y ofrecerte para crear perfiles en las redes sociales.
Por ejemplo, lo que a mi siempre me ha funcionado muy bien es el tema de las páginas de negocios para Facebook. Aunque no te lo creas, muchos no saben

cómo se hacen y si se lo planteas de la manera correcta, seguro que te dicen que sí.
Se trata de hablarles de algo muy básico: aunque se trate de negocios locales, en la actualidad es necesario tener exposición en las redes sociales para lograr más clientes y/o ventas. Además, no tendrás que esforzarte mucho en convencerlos porque es la realidad.
Aprovéchalo esto será el futuro.

¿Qué hacer con el dinero conseguido?

ndependientemente del dinero que consigas ganar, mi consejo es que una pequeña parte lo dediques al ahorro personal. Comprendo que cuando eres joven (yo también lo he sido) la prioridad sea divertirse y disfrutar, pero nunca está de más ser un poco precavido y mirar hacia el futuro.
Si todas las opciones que te he mostrado arriba de cómo ganar dinero siendo adolescente te han parecido muchas, no te puedes imaginar las posibilidades que se te abrirán cuando cumplas los 18 años de edad. Ahí será el momento de aprovechar todo el potencial que ofrece Internet.
Si me haces caso y destinas al menos un 10% de lo conseguido ahora para un fondo de ahorro, tendrás una base más sólida para emprender cualquier cosa que te propongas. ¡No lo olvides!

Vender cosas

Lleva a cabo una venta de garaje para así deshacerte de lo que ya no quieras. Limpia tu habitación y reúne todos los juguetes, decoraciones y ropa que ya no uses o ya no quieras y exhibe estos artículos en una mesa plegable en tu jardín o en la entrada para el auto de tu casa (con el permiso de tus padres). Pégale una etiqueta a cada artículo con el precio de acuerdo con lo que consideres que valga y con su precio original.
El mejor momento para llevar a cabo una venta de garaje es durante los fines de semana, por las mañanas. Allí es cuando sale la mayor parte de las personas que compran en ventas de garaje.
Puedes preguntarles a tus padres y hermanos si es que hay algo de lo que también quieran deshacerse.
Atraerás a personas de todas las edades a tu venta si cuentas con una mayor variedad de artículos.
Debes estar dispuesto a negociar los precios. Conoce con anticipación el precio más bajo que aceptarás por distintos artículos y cíñete a él al momento de regatear con los clientes.

Vende chocolates si es que tienes muchos amigos.
¿A quién no le gusta un energizante por la tarde en la forma de una barra de chocolate?. Puedes comprar barras de chocolate al por mayor en una tienda de almacén en donde sean mucho más baratas y revender

barras individuales o paquetes al doble del precio para así obtener una ganancia.
Por ejemplo, si compras 12 barras de chocolate a bs.12, habrás pagado bs.1 por cada una. Si las vendes a bs.2, te quedarás con bs.12 después de restar el costo original.
En caso de que tengas la intención de vender barras de chocolate en la escuela o en el autobús, debes consultar el reglamento de tu escuela para tener la certeza de que puedas hacerlo.
Si optas por vender de puerta en puerta, pídele a uno de tus padres que vaya contigo por tu seguridad.

Dirige un puesto de limonada cuando haga calor. Para ello, necesitarás una mesa plegable, un letrero que diga "Se vende limonada", vasos de plástico, popotes, una jarra grande, hielo y, por supuesto, limones. En caso de que vayas a instalar el puesto en tu jardín delantero, puedes preparar la limonada en la cocina y mantenerla en el refrigerador de forma que permanezca fría. Luego, vende la limonada por vaso.
En caso de que el puesto se encuentre más lejos de tu casa, podrías preparar la limonada con anticipación y guardarla en una hielera debajo de la mesa.
Cobra un precio adicional por el hielo y por las pajillas, ya que, al emplear más materiales, el costo incrementa, de este modo te estás sumergiendo en el mundo de los negocios.
Es posible vender limonada embotellada, pero no te será posible cobrar tanto como podrías si la preparas tú mismo. Una persona pagará más por una limonada

exprimida a mano que no pueda conseguir por su cuenta en una tienda, ya que todo hoy en día está procesado químicamente.
Una buena forma de ganar un poco de dinero adicional es mediante la venta de bocadillos junto con la limonada, como pretzels o galletas dulces. También dependerá de donde vivas, si tienes un árbol limonero en tu casa, estupendo, así no inviertes en la materia prima para tu limonada.

Organiza una venta de productos horneados si es que te gusta cocinar. Debes optar por las recetas clásicas que puedas preparar con facilidad en tandas grandes (por ejemplo, las galletas blandas de chispas de chocolate, los brownies con salsa de chocolate o los cupcakes de vainilla. Después de hornearlo todo, debes dividir los productos en porciones individuales y disponerlos en paquetes bonitos, como en bolsitas para regalo atadas con listones. Luego, instala un puesto en tu jardín delantero o en la esquina de tu calle para así recibir una mayor cantidad de tráfico.
Al vender alimentos caseros, es muy importante la seguridad alimentaria y la higiene. Siempre debes lavarte las manos con jabón y agua antes de hornear o manipular alimentos y tener cuidado de que los ingredientes que utilices sean los más frescos.
Comunícate con el departamento local de salud pública o con el gobierno municipal para determinar si es necesario algún permiso especial para vender productos horneados.

Puedes emplear mezclas de caja o bien preparar las recetas desde cero. Como otra opción, podrías especializarte en un tipo específico de producto (por ejemplo, los productos horneados libres de gluten o veganos) de forma que tu puesto sea único.

Cultiva plantas, hierbas o vegetales que puedas vender si es que tienes mano para la jardinería. En caso de que tus padres te permitan plantar tu propio jardín en el patio trasero, debes elegir vegetales que sean fáciles de cultivar (por ejemplo, la lechuga, los tomates o los pepinos). En caso de que vayas a cultivar plantas en macetas, debes optar por aquellas que no necesiten una gran cantidad de espacio ni luz solar.
Recolecta los vegetales cuando estén maduros y luegovéndelos en bolsas o en recipientes de plástico.
En caso de que vayas a cultivar flores o hierbas, podrías vender la planta entera en maceta para que así el comprador no deje de disfrutar de ella durante los años venideros.
Las hierbas como la albahaca, el orégano y los cebollinos crecen bien en interiores. Entre otras buenas opciones de plantas de interiores se encuentran las suculentas, los helechos y las malasmadres.
Debes plantar la mayor parte de los vegetales en los meses de marzo o abril (sto dependerá del lugar de tu ciudad) para que así estén listos para cosecharse en el verano. En caso de que no estés seguro, busca en Google la planta específica o bien consulta en un vivero local, para esto no es muy necesario ser un agrónomo licenciado.

Gana dinero con la venta de manualidades hechas a mano si es que te encanta la creatividad. Puedes hacer que tu pasatiempo se convierta en un negocio secundario vendiendo tus manualidades en una feria local, en un mercado de productores o en línea en Facebook u otras apps que te ayuden en este tema, independientemente de que sean velas caseras, pulseras de amistad o tarjetas bonitas. Fíjales el precio tomando en cuenta lo que hayas gastado en los materiales y el tiempo que te haya tomado elaborar cada producto.

El precio debería ser más alto mientras más horas dediques a una pieza y mientras más cuesten los materiales.

Si quieres iniciar una tienda en facebook o en otras apps, puedes hacerlo sin ningún problema ya que las redes sociales están abiertas y disponibles para todo el mundo (chicos y grandes) pero esto no quiere decir que te metas en el mundo de lo ilegal, recuerda que hay muchas personas que intentan atrapar a usuarios para hackear sus cuentas o incluso raptores o traficantes de órganos y un sin fin de cosas más, pero que eso no te asuste, solo toma tus precauciones y también pide algunos consejos a tus familiares, así estarás más tranquil@.

Corta el césped durante el verano si te es posible operar una cortadora de césped de forma segura. Las cortadoras que se empujan son seguras para los niños de 12 años, en tanto que aquellas que uno conduce solo deben usarlas los adolescentes de por lo menos 16 años de edad, también están las cortadoras que se cargan y se maneja similar a un avión, ahora, no siempre puedes usar una máquina, también puedes usar un machete o asado siempre y cuando tengas habilidad en el manejo de estas herramientas. Antes de ponerte a cortar el césped, debes preguntarle a tu vecino la altura a la que quiera que quede, las partes del jardín que debas cortar y si es que tiene alguna instrucción especial (por ejemplo, que no cortes demasiado cerca de los macizos de flores).

Puedes cobrar según el tamaño del jardín. Averigua lo que cobran los jardineros de tu ciudad.

Debes cortar el césped únicamente durante las horas de luz solar y cuando haya buen clima, ya que las condiciones serán más seguras.

Siempre debes usar calzado cerrado y gafas protectoras para mantener a salvo tus ojos de los trozos de césped o los residuos que salgan volando, también protege tus oídos (en caso de que uses máquina).

En caso de que tu vecino tenga mascotas o niños pequeños, debes pedirle que permanezcan dentro de lacasa por seguridad en tanto que cortas el césped.

Rastrilla los jardines en el otoño si es que las hojas se caen en el lugar en donde vivas. Puedes armarte con un rastrillo y unas cuantas bolsas grandes de basura y ofrecer tus servicios de puerta en puerta.

Pregúntales a tus vecinos por las partes del jardín que quieran que rastrilles y el lugar en donde debas dejar las hojas (por ejemplo, en la cuneta para que se las lleven o desecharlas en una zona arbolada detrás de su casa). Rastrilla las hojas hasta formar una pila grande, luego colócalas en una bolsa de basura y atala para cerrarla.

No rastrilles las hojas justo después de que llueva, ya que las hojas mojadas son mucho más pesadas y difíciles de rastrillar. Espera para rastrillar hasta que el jardín se seque.

En caso de que vayas a desechar las hojas y no colocarlas en bolsas, puedes emplear un basurero grande de caucho que tenga ruedas en lugar de una bolsa de basura, te será fácil llenarlo y rodarlo hasta donde vayas a dejar las hojas.

Palea las entradas para los autos y las aceras durante el invierno si es que nieva en la ciudad en donde vivas. Opta por una pala liviana pero resistente y que tenga una hoja antiadherente. Idea una estrategia para palear la nieve, que puede ser trabajar desde la parte superior de la entrada para el auto hasta la parte inferior o desplazarte en líneas diagonales a través de la entrada. Empuja la nieve de un lado a otro, recogiéndola solo cuando sea necesario de forma que evites agotarte rápidamente.

Cobra una tarifa plana de alrededor de entre bs.20 y bs.30 (esta actividad no requiere de una profesión) según el tamaño de la entrada para el auto y si es que tus vecinos quieren que palees la acera o el porche delantero.

Al palear la nieve, siempre debes agacharte flexionando las rodillas y no por la cintura. De este modo, protegerás tu espalda.
Vístete de manera apropiada para el clima frío debido a que estarás horas al aire libre. Debes usar un abrigo grueso, guantes a prueba de agua, un gorro u orejeras, y botas para nieve que tengan una buena suela para así no resbalar en el hielo.

Cuida de los jardines de tus vecinos (si los tienen) durante la primavera. Puedes ofrecerte para desmalezar el jardín, plantar flores, regar las plantas o aplicarle tierra negra al jardín. Las personas empiezan a cuidar de sus jardines incluso desde marzo (depende de la ciudad en que vivas), por lo que debes empezar a publicitar tus servicios a finales de febrero o principios de marzo. Esta constituye una excelente forma de salir y aprender jardinería.
En el caso de desmalezar, plantar o aplicar tierra negra, debes cobrar por hora. Por ejemplo, si dedicas 3 horas un domingo por la mañana a aplicar tierra negra al jardín a una tarifa de bs.5 la hora, ganarás bs.15.
Regar las plantas no constituye un trabajo por hora, por lo que puedes cobrar una tarifa plana según la cantidad de plantas que haya y la frecuencia con la que debas regarlas.

Lava autos o bicicletas en caso de que la entrada para el auto de tu casa sea lo suficientemente grande. Puedes conseguir unas cuantas esponjas o trapos viejos, toallas, líquido para lavar autos, una

cubeta grande y una manguera y disponer una estación de lavado en la entrada para el auto de tu casa durante unas horas los fines de semana. Debes refregar cada vehículo enfocándote en las partes que estén sucias, enjuagarlo bien y lustrarlo con una toalla de microfibra para secarlo. Puedes cobrar entre bs.20 y bs.30 por vehículo (dependiendo el tamaño del mismo).
Publicita tus servicios con una semana de anticipación de forma que tus vecinos puedan saber que estarás atendiendo al público. (creeme debes intentarlo, yo hacia esto cuando era un adolecente).
Para ganar un poco más de dinero, puedes ofrecerte a limpiar también el interior de los autos. Esto es lo que se conoce como una limpieza detallada. Puedes aspirar los tapetes del suelo, pasarle un trapo al tablero de mandos y limpiar los posavasos.
En caso de que tengas bastantes clientes, podrías "contratar" a algunos de tus amigos para que te ayuden. Tan solo recuerda que esto quiere decir que también deberán dividirse el dinero.

Lleva a cabo tareas domésticas si es que te gusta limpiar. En caso de que de por sí tus padres te paguen una mesada, puedes averiguar si es posible ir más allá de tus obligaciones para ganar un poco más de dinero. Ofrécete para lavar la ropa, limpiar los baños o aspirar todas las alfombras de la casa. Asimismo, puedes hacerles saber a tus vecinos que estás disponible para que te contraten.

Tus vecinos ancianos que tengan problemas para hacer cosas por la casa apreciarán particularmente tus servicios.
No debes esperar que te paguen por hacer los quehaceres que de por sí debas realizar (por ejemplo, mantener ordenada tu habitación o limpiar lo que ensucies en la cocina).

Cuida de las casas de tus vecinos que se vayan de vacaciones (de ser el caso). Puedes regar las plantas, sacar la basura, revisar el correo y vigilar todo. Quizás te pidan que vayas a su casa una o dos veces al día o incluso que pases la noche allí de forma que la casa no parezca estar vacía y así evites los robos. Debes seguir todas las instrucciones y las reglas de tus vecinos y cerrar siempre la puerta con cerrojo cuando te vayas para mantener la casa a salvo.
En caso de que debas quedarte durante la noche, podrías pedirle a un hermano mayor o a uno de tus padres que se quede contigo.
Pídele a tu vecino que te escriba todas las instrucciones importantes por si acaso las olvides, junto con su información de contacto de forma que puedas comunicarte con él en caso de una emergencia o si tienes alguna pregunta.
Respeta la casa de tu vecino. Él te estará confiando una enorme responsabilidad, por lo que no debes romper esa confianza invitando a tus amigos, comiéndote su comida o utilizando sus cosas (a menos que te diga que puedes hacerlo).

Alimenta y cuida de las mascotas de tus vecinos cuando salgan de la ciudad. El cuidado de mascotas funciona igual que el cuidado de niños pero con animales. En caso de que te sientas cómodo con los animales, puedes hacerles saber a tus vecinos que estás disponible para cuidar de sus mascotas cuando no estén. Siempre debes respetar sus reglas y preguntar con anticipación en caso de que tengas alguna duda sobre las instrucciones del cuidado.
Reúnete con tu vecino antes de que se vaya para repasar exactamente lo que tengas que hacer, así comotambién para determinar cuánto te pagará.
La cantidad de tiempo que cuides a las mascotas, la cantidad de animales que debas cuidar y la responsabilidad que tengas determinarán cuánto cobrarás.
Por ejemplo, en caso de que tan solo vayas a alimentar a sus peces una vez al día, cobrarás menos que si debes pasear a su perro dos veces al día y aplicarle inyecciones de insulina.
Toma nota de toda la información de contacto necesaria por si acaso ocurra una emergencia (por ejemplo, los teléfonos celulares de tus vecinos, el nombre y número telefónico del veterinario, etc.)

Dales clases privadas a niños sobre un tema en el que seas experto si es que te gusta enseñar.
Considera cuáles son las materias en las que mejor te vaya en la escuela o los temas sobre los que sepas mucho. Puedes ayudar a tus pares o enseñar a niños más pequeños que quieran adelantar algo antes del

siguiente año escolar. Publica volantes por tu vecindario o tu escuela en donde figuren los temas sobre los cuales vayas a dar clases.
Puedes cobrar una tarifa por hora o bien una tarifa plana por sesión. Debes tener cuidado de que sea un precio justo por la cantidad de ayuda que ofrezcas.
Por ejemplo, en caso de que tan solo vayas a ayudar a alguien a estudiar sus materias de matemáticas o ciencias, deberás cobrar menos que si vas a ayudar a alguien a escribir un ensayo de Lengua.
Para prepararte para una sesión de tutoría, puedes revisar el material, comprar libros de texto o de práctica y preguntarle a tu estudiante por el tipo de cosas que esté aprendiendo en clase o por aquello con lo que tenga una habilidad.

Pinta las uñas de tus amigas a un precio bajo si es que tienes una mano firme (esto en caso de que seas una chica). Lo único que necesitas para iniciar tu propio salón de uñas temporal son unos cuantos esmaltes bonitos de uñas y un poco de creatividad.
Puedes cobrar un precio adicional por los diseños sofisticados, la brillantina o las joyas adhesivas y ofrecer descuentos por hacer manicuras y pedicuras juntas. Por ejemplo, si una manicura cuesta bs.5 y una pedicura cuesta bs.6, puedes hacer que ambas cuesten bs.10 de forma que se ahorran bs.1 y estimules a tus clientes a gastar más.
Puedes mirar videos de tutoriales en línea para así aprender a dibujar diseños (por ejemplo, flores, espirales o estrellas).

También puedes cortar uñas, hacer masajes de manos con crema para cutículas o quitar esmalte de uñas antiguo a un precio adicional.

Entrega periódicos todas las mañanas.
En caso de que no quieras trabajar todos los días, puedes compartir la ruta con 2 o 3 amigos o parientes y turnarse los días.
Algunos de los hombres más exitosos del mundo, entre ellos Walt Disney, Warren Buffet y Tom Cruise, empezaron entregando periódicos.

Recicla artículos en un centro local de reciclaje si es que aceptan recolecciones. En muchos casos, los centros de reciclaje pagan una pequeña tarifa por cada kilo de artículos reciclables. Puedes recorrer tu vecindario y recolectar cosas como botellas de vidrio, latas de refresco, periódicos, cajas de cereal y jarras de leche. Luego, pídeles a tus padres que te lleven a la tienda de reciclaje más cercano para entregar lo que hayas recolectado a cambio de dinero.
En algunos casos, las tiendas de reciclaje exigen que prepares los artículos antes de reciclarlos (por ejemplo, enjuagar las latas o quitarles las tapas a las botellas). Puedes comunicarte con el lugar de recolección para averiguar cuál es el reglamento.
Puedes saber si un trozo de plástico es reciclable fijándote si tiene el símbolo de reciclaje (un triángulo conformado por tres flechas) en la parte inferior o trasera del recipiente. En caso de que el triángulo tenga adentro el número 1 o 2, será reciclable, mientras que,

si tiene el número 3, 6 o 7, no será reciclable. Si el número es 4 o 5, debes consultar con la tienda de reciclaje.

Advertencias

Mantente alejado de los vecindarios y vecinos que sean peligrosos.

Ten cuidado al hablar con desconocidos, ya que algunos de ellos querrán entrar en tu casa o invitarte a la de ellos. Nunca debes aceptar invitaciones de este tipo y siempre debes tener contigo a uno de tus padres cuando estés en presencia de desconocidos.

Ten cuidado de pedirles permiso a tus padres para cualquier trabajo que realices.

Evita tomar cosas que no sean tuyas para luego venderlas. No olvides que el robo es un delito y esto podría acarrear muchos problemas.

Revender alojamiento web

Revender alojamiento o hosting web es otra excelente forma de ganar dinero por internet.

Gana dinero por internet como revendedor de hosting La idea básica de revender alojamiento es proporcionar un espacio de servidor dedicado, que puedes utilizar para construir tu propia marca de alojamiento web. Esto te permite:

Crear cuentas de alojamiento web con cPanel; Establecer límites de recursos personalizados (espacio en disco, ancho de banda y similares);

Administrar convenientemente todas las cuentas usando WHM.

Dado que cPanel es la herramienta más conocida para administrar una cuenta de alojamiento web, será fácil atraer nuevos usuarios. El tiempo de actividad del servidor también es supervisado por un equipo de administración interno, lo que garantiza un buen tiempo de actividad y disponibilidad.

Lo que te permite centrarte en la adquisición de usuarios, en lugar de los aspectos técnicos de la gestión del servidor. Si tienes alguna pregunta, un personal de soporte dedicado 24/7 estará allí para ayudarte.

Si estás familiarizado con el funcionamiento del alojamiento web, revenderlo será pan comido. Quién sabe, ¡podrías convertirte en uno de los gigantes de alojamiento web si pones suficiente esfuerzo! (ahora si no entiendes del tema puedes averiguar mediante google).

Vende espacio publicitario

Todos hemos visto los sitios que usan publicidad en todo su contenido. A veces los anuncios son intrusivos, pero otras veces se integran naturalmente con el contenido.

La monetización de tu sitio a través de publicidad generalmente se reserva para cuando tu sitio recibe un gran volumen de tráfico. Pero, si tu volumen de tráfico es alto y continúa creciendo, entonces esta opción podría valer la pena.

El monto que te pagarán dependerá de la red, pero generalmente se te pagará según el número de impresiones o clics.

Hay muchas redes publicitarias diferentes para elegir. Google Adsense es probablemente la red más conocida. Con Google AdSense, envías tu aplicación y una vez que se aprueba, puedes comenzar a agregar anuncios a tu sitio. Por lo general, el pago de los anuncios de Adsense no será excelente a menos que tu tráfico sea de millones de visitantes por mes.

Hay otras redes publicitarias como Ezoic y Media.net. Ambas tienen un proceso de aprobación y una evaluación del sitio. Estas redes también tienen la ventaja de trabajar contigo para optimizar tus ingresos publicitarios.

Si no quieres trabajar con una red publicitaria, también tienes la posibilidad de vender publicidad directamente. Si tienes un público especializado, esta puede ser una opción bastante lucrativa. Supongamos que tienes un sitio dedicado a la mejora del sueño. En lugar de utilizar una de las redes publicitarias anteriores, podrías vender espacios publicitarios a grandes empresas de colchones.

Otra opción para ganar dinero por internet con tu sitio web es crear contenido patrocinado. Aquí es donde una empresa te pagará para crear contenido patrocinado y tú publicarás el contenido en tu sitio. Sitios como Buzzfeed y Millo han optado por esta alternativa.

Esta parte que te enseño es como los espacios publicitarios que venden en las calles, ya sea como pasacalles o letreros gigantes en las avenidas de tu ciudad, seguramente ya los viste alguna vez, esto lo mismo solo que por redes.

Crea una publicación de ofertas de trabajo por suscripción

Los tableros de oferta de trabajo pueden ser una forma bastante lucrativa de ganarse la vida con tu sitio web. El proceso es simple. Las personas que buscan contratar a alguien en un nicho específico publicarán una lista de trabajos en tu sitio y tus visitantes aplicarán para el trabajo.

Ganar dinero por internet con un sitio web de empleo. Puedes cobrar a las personas para que publiquen ofertas de trabajo. O bien, puedes cobrarle a tus visitantes una cuota de membresía mensual para acceder a la bolsa de trabajo.

Ten en cuenta que necesitas tener un tráfico decente para que esto funcione. Una empresa no pagará para publicar un trabajo en tu sitio si no le envías a ningún candidato calificado.

Por ejemplo, echemos un vistazo a la página de ofertas de trabajo de ProBlogger. Aquí las compañías y las personas pagarán una tarifa para publicar un trabajo en el sitio. Entonces, es completamente gratis para cualquier persona acceder y postularse para el trabajo. Dado que ProBlogger es un sitio de autoridad con una gran audiencia, las empresas que publican un trabajo recibirán cientos de solicitudes por cada listado.

Al crear un tablero de trabajo, asegúrate de tener una audiencia sólida que tenga sinergia con las empresas de tu espacio. Aunque ya sabemos que existen plataformas como Facebook que sirven como opción para publicar trabajos, pero recuerda que sólo es una opción, tú puedes ser el siguiente.

Vende tu sitio web

Finalmente, una de las formas más rentables de ganar dinero desde tu sitio web es venderlo.

Dependiendo de tu sitio, esta puede ser una opción bastante lucrativa. Aunque probablemente no te hará rico, puede resultar en una buena cantidad de efectivo. En promedio, tu sitio se venderá por un múltiplo de tus ingresos mensuales. El múltiplo dependerá de una variedad de factores, pero generalmente se puede esperar vender desde 12 a 30 veces ese valor.

Los siguientes factores influirán en el múltiplo de venta:

La edad de tu sitio

Tu autoridad de dominio (domain authority)

Cuánto tráfico recibe tu sitio

Cuantas ganancias generas

Tu diversificación de ingresos

La firmeza de tus ingresos

Si tu sitio está creciendo o estancado

Si tienes curiosidad por el precio de venta de los sitios en general, entonces pasa un tiempo navegando por las listas de Empire Flipper.

Cuando estés pensando en vender tu sitio, asegúrate de analizar los pros y los contras de obtener un flujo de efectivo y perder un flujo de ingresos secundarios por el que has trabajado arduamente.

Cómo ganar dinero por internet sin un sitio web

Crear un sitio web rentable es una excelente forma de generar un ingreso en línea a largo plazo. Sin embargo, hay más formas en las que puedes comenzar a ganar dinero por internet sin tener que hacer un sitio web.

Publica libros para Kindle. (uno de mis secretos)
Estamos en el mejor momento de la historia para convertirse en escritor. Si has estado soñando con escribir libros para vivir, entonces tu sueño podría estar más cerca de lo que crees. La revolución de la autoedición ha hecho posible que cualquiera pueda ganarse la vida publicando libros.

Publicar libros en Kindle.

Como hay una barrera de entrada más baja, esto también significa más competencia. Pero al escribir el mejor libro posible y satisfacer las expectativas del lector, puedes aumentar tus posibilidades de éxito.

Al publicar tus propios libros para Kindle, todos los aspectos del proceso de publicación están bajo tu control. Esto significa que eres el responsable de escribir, editar, formatear, obtener una portada, subirlo a Amazon, escribir la descripción de tu libro y comercializarlo.

Aquí hay algunos consejos para mejorar tu éxito como escritor independiente:

Haz una investigación de mercado. Asegúrate de que haya un mercado de libros viable que no sea demasiado competitivo pero que tenga lectores.

Escribe el mejor libro posible e invierte en un editor profesional.

Invierta en una portada y una descripción del libro de alta calidad. Estos dos elementos funcionan para vender tus libros.

Publica tus libros en una serie y apúntale a dominar un mercado determinado.

Tu éxito como escritor está completamente bajo tu control. Escribe el mejor libro posible y crea una lista de correo electrónico de tus lectores ideales. Mientras más publiques, más aprenderás y más dinero podrás ganar.

Email Marketing

Piensa cuántos correos electrónicos recibes en tu bandeja de entrada todos los días. Muchos de estos son probablemente de listas de distribución a las que te has registrado. Algunos son tan buenos que no puedes esperar para abrirlos todos los días, mientras que otros, te hacen cuestionarte cómo fue que te suscribiste en sulista.

Crear una lista de correo electrónico de nicho de mercado puede ser una excelente manera de llegar a un grupo específico de personas y crear un negocio sólido y sostenible. Empresas de millones de dólares como theSkimm se han creado con base en una lista decorreo electrónico diaria.

Lo mejor de todo es que comenzar una lista de distribución por correo electrónico no tiene que ser difícil. Con herramientas como ConvertKit, Drip, MailChimp y Aweber, nunca había sido tan fácil.

Este es el proceso que debes seguir:

Decide un nicho al que te gustaría servir, y el estilo de tus correos electrónicos;

Elige un proveedor de marketing por correo electrónico;

Crea una página de destino simple y dirige el tráfico a esa página;

Envía correos electrónicos regulares a esa lista.

El objetivo de tu lista de correo electrónico es generar confianza, para que la gente abra tus correos todos los días.
Cuando consigas tener una lista considerable de personas que abren tus correos, tienes varias formas de monetizar esa lista, como:
Vender tus propios productos digitales;
Ofrecer un curso de membresía;
Enviar a tus suscriptores a ofertas de afiliados;
Vender patrocinios.

Trabaja como independiente en sitios como Upwork
Hay un montón de sitios de freelance llenos de clientes hambrientos que buscan a alguien con tus habilidades. La demanda de trabajadores independientes actualmente no tiene precedentes en la historia.
Algunos de los sitios de freelance más populares incluyen:
Upwork
Freelancer
Fiverr
Guru
Para tener éxito en estas plataformas, es importante definir un nicho. Lo peor que puedes hacer como profesional independiente es anunciarte como generalista. Dado que la competencia es tan alta, querrás anunciarte como la única solución para un tipo específico de cliente.
No importa cuál sea tu nicho, es hora de crear tu perfil, crea un portafolio con trabajos relevantes que muestren tus habilidades y comenzar a ofrecer tus servicios.

Si realmente quieres ganar dinero por internet con plataformas como Upwork, dedica un tiempo a explorar el sitio (en inglés) Freelance to Win. Este sitio está dedicado a ayudarte a convertirte en un profesional independiente con alta remuneración.

Compra y vende sitios web

El proceso de comprar y vender sitios web es como el proceso de intercambiar casas. Compras una casa que tiene un potencial sin explotar, la reparas y la vendes a ganancia.

El proceso es bastante sencillo. Pero, debes saber que hay un riesgo involucrado. Por lo tanto, no inviertas dinero en un sitio que no puedes permitirte perder.

Así es como puedes comprar y vender sitios con un margen de ganancia:

Encuentra un sitio web subvalorado que sabes que puedes mejorar. Mira mercados como EmpireFlippers, Flippa y We Sell Your Site.

Investiga el sitio para descubrir los ingresos y las cifras de tráfico, el perfil de enlaces (backlinks) y las razones reales por las que se vende el sitio.

Si se pone a la venta, compra el sitio.

Haz mejoras al sitio para maximizar tu tráfico e ingresos.

Vende el sitio para obtener ganancias.

Compra y vende nombres de dominio.

Anteriormente te mencioné cómo comprar y vender sitios web. Pero, ¿sabías que también puedes hacer lo mismo con los nombres de dominio?

Usa herramientas como Just Dropped y purchase unique domain names. Luego, vuelve a poner a la venta los nombres de dominio, espera a los compradores y vende con una ganancia.
Es así como algunas personas han podido resolver la pregunta ¿cómo ganar dinero en internet de verdad en dólares?, pues ganan cientos o miles de dólares al año empleando esta estrategia.
¡Puedes comenzar a hacerlo aquí en Hostinger con nuestro comprobador de dominios! Solo debes ingresar un nombre de dominio y el verificador te dará todas las opciones disponibles. Encuentra tu dominio único.

Vende fotos y vídeos de stock

Si te gusta tomar fotos o hacer vídeos, puedes conseguir dinero con lo que te apasiona.
Hay muchos sitios que te permiten subir tus fotos y grabaciones. Estos sitios tienen enormes bases de usuarios, y cuando alguien paga por los derechos de tu foto, tu te llevas tu dinero.
Algunos de los sitios web de fotografía de stock más grandes incluyen:
Shutterstock
iStockPhoto
Si eres un videógrafo, algunos de los principales sitios son:
VideoHive Pond5 VideoBlocksDissolve

Al crear tu portafolio, dedica un tiempo a buscar en los portales mencionados para encontrar los estilos más populares.

Luego, crea tu propio nicho y sube tu material tan frecuentemente como sea posible. Cuanto más grande sea tu portafolio, mayores serán tus posibilidades de éxito.

Además de ganar dinero con tus fotos y videos, usar estos sitios también puede ayudarte a construir una base de fans para tu trabajo.

Invierte en Criptomonedas

Las criptomonedas han venido ganando terreno en los últimos años. Lo más probable es que las criptomonedas aparecieran en tu radar en 2017 con la gran subida del Bitcoin. Pero, incluso si no invertiste en Bitcoin y otras criptomonedas hace algunos años, aún no es demasiado tarde.

Invertir en criptomonedas es muy parecido a cualquier otra forma de inversión y habrá algunos riesgos involucrados. Sin embargo, si te tomas el tiempo para informarte, puedes hacer inversiones sólidas que te darán resultados a largo plazo.

El primer paso en tu aventura con las criptomonedas es poner tus conocimientos y habilidades al día. Bit Degree es un gran recurso que está lleno de tutoriales y cursos útiles que aumentarán tu conocimiento de las criptomonedas.

Existen múltiples enfoques para ganar dinero con criptomonedas, incluyendo:

Invertir en monedas antes de su salida a la bolsa, o su aumento en valor
Aprender a programar y trabajar con blockchain
Convertirte en un escritor de criptomonedas
Conseguir un trabajo en una empresa de criptomonedas Como las criptomonedas y la tecnología blockchain aún están en su infancia, es un buen momento para aprender las habilidades necesarias para posicionarse para el éxito futuro y ganar dinero por internet.

Vende tus artesanías en Etsy

¿Te consideras una persona con talento en las manualidades? Si te especializas en hacer productos artesanales, entonces podrías ganarte la vida vendiendo estos productos en línea.
Etsy es una de las plataformas más grandes para vender tus artesanías y manualidades, desde estuches de iPhone únicos hasta pulseras, anillos y más.
Puedes comenzar sin tener un sitio web o presencia en línea. La plataforma ya tiene una gran audiencia a la que puedes acceder directamente. Además, si tus productos son exitosos, en el futuro podrías pasarte a tu propia tienda virtual que tú administres (como hizo Robert T. Kiyosaki autor del libro padre rico padre pobre).
Para aumentar tus posibilidades de éxito, ten en cuenta los siguientes consejos:
Investiga para asegurarte de que exista una demanda para tus creaciones en Etsy.

Calcula cuánto tiempo te toma hacer cada artículo. ¿Tu tiempo y el costo de los materiales se justifica por el precio que vas a cobrar?
Piensa en qué hará que tu producto sobresalga. Querrás tener un estilo único, sin dejar de cumplir las expectativas de tus compradores.

Vende tus productos en Amazon (FBA)
Amazon es uno de los mayores mercados en línea para la venta al por menor, con más de mil millones de productos listados actualmente en el sitio.
Ya mencionamos la creación de una tienda de nicho de comercio electrónico antes, y este enfoque es similar, pero la idea principal es utilizar la plataforma de Amazon.
Con este método debes encontrar productos que se venden bien en Amazon y obtener versiones más baratas de esos productos con tus proveedores. Luego agrega tu propia marca y revende los productos.
Tienes la posibilidad de vender estos productos tú mismo o de trabajar con un fabricante que personalizar estos productos y los enviará a tus compradores, tácticaconocida como dropshipping.

Crea un canal de YouTube
YouTube es uno de los motores de búsqueda más grandes del mundo. Pero en lugar de buscar sitios web, las personas buscan videos entretenidos, divertidos o informativos.

Puedes monetizar tu canal de YouTube usando su sistema de publicidad o enviando a tus visitantes a un sitio web que has monetizado de otra manera.
Crear un canal de YouTube es parecido a crear un sitio web, excepto que estás creando videos, no contenido escrito.
Si te sientes cómodo frente a una cámara y quieres probar suerte creando videos, entonces necesitarás definir la temática de tu canal. Normalmente, hay dos tipos de canales de YouTube (por lo menos los que sonexitosos):
Contenido entretenido. Este estilo incluye cosas como series web, videos de comedia, bromas, reseñas, videojuegos y mucho más.
Contenido educativo. Este estilo está más orientado a las frases 'cómo hacer'. Si tienes habilidades útiles o información que quieres transmitir a través del vídeo, entonces esta es una opción legítima para ti.
Cuando hayas decidido qué tipo de canal vas a iniciar, es hora de comenzar a crear. Primero, necesitarás crear un canal de YouTube y pensar en un nombre atractivo. Luego, ten en cuenta los siguientes consejos:
Usa una cámara de alta calidad para grabar tus videos;
Experimenta con diferentes estilos, formatos y técnicas de edición hasta que encuentres uno que te empiece a traer buenos resultados;
Optimiza los títulos, las descripciones y las imágenes detus videos para hacer que las personas hagan clic;
Crea un calendario de publicación de videos, para que los seguidores sepan cuándo esperar tu contenido. (toma el ejemplo de BADA BUM)

Vende tus servicios de programación o software
Aprender a programar puede ser una habilidad muy valiosa. Ya sea que quieras un trabajo como freelance con tus habilidades o desarrollar y construir tu propio software.

Cuando sabes cómo crear software, puedes hacer cosas como crear una aplicación para consumidores, un sitio web o una aplicación móvil, o incluso un juego móvil. Muchas empresas de enorme éxito se han construido sobre la base de un software.

Gran parte del software actual es creado por grandes compañías. Pero si miras en Google Play o Apple Store, verás que muchas de las aplicaciones más populares han sido creadas por personas como tu.

Si quieres ganar dinero por internet con tu propio software o aplicaciones, este es el proceso que puedes seguir:

Hacer estudios de mercado para descubrir una necesidad apremiante;

Crear una versión MVP del software;

Obtener retroalimentación de los usuarios iniciales y probadores beta;

Integrar la retroalimentación y lanzar tu primera versión al mundo;

Comenzar a comercializar tu solución de software.

Si estás buscando inspiración, mira cómo Nathan Barry, fundador de ConvertKit, fue capaz de hacer crecer su startup de software.

Si te parece que crear y vender tu propio software consumirá demasiado tiempo, entonces puedes obtener

ganancias de tus habilidades de programación de inmediato trabajando como freelance.
Dedica un tiempo a buscar en las mejores plataformas de freelance como Upwork y Freelancer y encontrarás una variedad de trabajos para los que tus habilidades son adecuadas. O bien, puedes visitar el sitio RemoteOk.io, que lista una variedad de trabajos de programación remotos a los que puedes postularte.

Sé tutor en línea para niños

Dar clases de español y ser tutor de estudiantes de todo el mundo es una excelente forma entre las opciones de cómo conseguir ganar rápido y fácil en un día por internet. Si tu lengua materna es el español, entonces ya tienes las habilidades para tener éxito.
También puedes obtener una certificación para aumentar tus posibilidades de éxito y ser contratado para el trabajo.
Si este tipo de trabajo te parece interesante, visita sitioscomo:
Learn4Good
Verbal Planet
Chegg Tutors

Evalúa sitios web y da retroalimentación.
¿Tienes buen ojo para el diseño o sabes qué debe tener un buen sitio web o aplicación? De ser así, puedes ganar dinero por internet ofreciendo tu retroalimentación y pruebas de errores de usabilidad. Si has pasado mucho tiempo en línea, probablemente tengas un buen ojo para ver lo que funciona y lo que no

funciona. Por ejemplo, ¿el contenido no está claro? ¿El diseño te confunde? ¿El menú de navegación es demasiado complejo?

Hay una serie de sitios que te pagarán por dar este tipo de comentarios. Por lo general, tus comentarios serán verbales, escritos o usarás un software de grabación de pantalla. Algunos de los sitios de review más comunes son:

Ubertesters

UserTesting

Testbirds

Userlytics

TryMyUI

Userfeel.

Conviértete en desarrollador de sitios web

Si no tienes las habilidades de desarrollador, entonces tu primer paso es aprender a programar. Cuando tengas las habilidades, puedes empezar a buscar trabajo.

Crea un perfil en sitios como Upwork y Freelancer, y comienza a aplicar para trabajos.

Para aumentar tus probabilidades de éxito, puede ser útil que definas un nicho para ti y crear tu perfil y tu portafolio de acuerdo con ello.

Por ejemplo, tal vez quieras construir sitios web para agentes de bienes raíces y compañías de administración de propiedades. O bien, te gustaría especializarte en la creación de sitios web de comercio electrónico que usen WooCommerce y WordPress.

Primero, asegúrate de que haya una necesidad verificable. Lo que significa que hay muchos trabajos publicados para tu perfil específico. Luego, elabora tu negocio de desarrollo web de nicho y comienza a aplicar para trabajos relevantes.

Narra audiolibros

La industria de los audiolibros sigue creciendo. Parece que cada vez más personas prefieren escuchar el contenido, en lugar de leerlo. Aún así, la mayoría de los libros nunca llegan a tener una versión de audiolibro.

Lo cual es curioso porque los audiolibros pueden resultar muy beneficiosos para los autores. No solo ganarán más dinero con sus libros, sino que también aumentará su presencia.

Gane dinero por internet con la narración de audiolibros. Si tienes una gran afición por los libros y te encanta leer, entonces convertirte en un narrador de audiolibros podría ser tu camino.

Una de las maneras más fáciles de comenzar es suscribirse a ACX. Este servicio conecta a los narradores de audiolibros con los autores.

Además de suscribirte al servicio anterior, también deberás invertir en un micrófono y un software de grabación de alta calidad, y crear algunas muestras quedemuestran tus habilidades vocales.

Si quieres expandir tu alcance, también puedes crear un perfil en UpWork y aplicar para trabajos de narración deaudiolibros.

Conviértete en diseñador gráfico

Si tienes buen ojo para el diseño, o siempre te ha gustado jugar con Photoshop e Illustrator, puedes usar estas habilidades para ganar dinero extra legalmente eninternet.

Puedes usar las plataformas de freelance ya mencionadas, crear un perfil y comenzar a aplicar, o puedes probar tus habilidades en una plataforma como 99Designs. En este sitio, competirás con otros diseñadores para ciertos proyectos. Si al cliente le gusta tu diseño, obtendrás el proyecto y comenzarás a trabajar.

Otra forma de atraer clientes como diseñador gráfico es fuera de internet. Ve a la cámara de comercio local o pasa un tiempo caminando en tu ciudad. Lo más probable es que veas muchas empresas que necesiten tus habilidades de diseño gráfico. Ya sea para un nuevo logotipo, un folleto o incluso uniformes de la empresa.

Otro gran método a nivel local es ir a un espacio de trabajo colaborativo de tu ciudad. Por lo general están llenos de nuevas empresas y otras compañías que necesitan las habilidades de diseño que tienes.

Conviértete en un Influencer de Instagram

Instagram es una de las plataformas de redes sociales de más rápido crecimiento en el mercado. Pero, ¿sabías que puedes ganar dinero directamente desde Instagram, solo por tener suficientes seguidores?

Cada vez es más difícil crear un gran número de seguidores en Instagram, pero puede ser una forma bastante sencilla de ganarse la vida en internet. Las grandes marcas y otras compañías te pagarán solo por hacer una publicación sobre su compañía, o exhibir uno de sus productos.

Por lo general, el precio pagado por cada publicación dependerá de la cantidad de seguidores que tengas y de lo involucrados que estén con tu cuenta.

Crear una audiencia considerable de Instagram llevará tiempo, pero si te gusta tomar fotos, no te importa pasar mucho tiempo en tu teléfono y las publicas regularmente, entonces vale la pena intentarlo.

Ofrece tus servicios de SEO

Saber cómo posicionar sitios web es una habilidad muy rentable. Mientras la gente continúe usando los motores de búsqueda como Google, entonces habrá demanda de personas que sepan de SEO.

De hecho, puedes hacerte bastante bueno en SEO, leyendo algunos de los mejores blogs que existen hoy en día, como:

How to Learn SEO (and Stay Sane)

SEO Learning Center

The Definitive Guide To SEO In 2021

Una vez que comprendas lo que se necesita para posicionar un sitio web, es hora de poner a prueba tus habilidades. Es útil crear un sitio web donde puedas probar tus nuevos conocimientos de SEO, pero no es absolutamente necesario.

De hecho, puedes comenzar a recibir clientes de inmediato. Esto implica el uso de sitios de freelance como Upwork y Freelancer.com.

O bien también puedes ofrecer tus servicios a empresas locales que buscan posicionarse en los motores de búsqueda.

Administra cuentas de redes sociales

Todos nosotros estamos activos en las redes sociales actualmente. Pero, ¿sabías que podrías ganarte la vida administrando cuentas de redes sociales?

Si ya eres un usuario avanzado de las redes sociales, entonces estás un paso adelante. Será mucho más fácil para ti transmitir tu experiencia y convencer a otros para administrar sus cuentas por una tarifa.(busca famosos uoficinistas que requieran de este servicio).

Hay un montón de recursos educativos como la Academia Hootsuite, que te educará sobre todo lo que debes saber de las redes sociales.

hootsuite-academy-cursos

Una vez que tus conocimientos estén al día, es hora de ir de nuevo a los sitios de freelance como Upwork y Freelancer para comenzar a aplicar a trabajos.

Si quieres aumentar tus posibilidades de atraer clientes, puedes usar lo que has aprendido para promocionar tu marca y hacer crecer tu compañía de administración deredes sociales.

Crea un podcast.

Si te gusta hablar y compartir opiniones, o te encanta realizar entrevistas, el podcasting puede ser un gran medio para que lo explores. El mercado de podcasts

está explotando en este momento, lo cual es algo bueno.
A los oyentes les encanta la portabilidad de los podcasts, y como la mayoría de nosotros estamos siempre en movimiento, se está convirtiendo en una de las formas preferidas de consumir contenido.
Para tener éxito con un podcast hoy, necesitas crear algo de alta calidad. Esto no solo incluye la calidad del audio, sino también la calidad de tu contenido. Para comenzar, necesitas invertir en un muy buen equipo de micrófono.
Si planeas hacer podcasts al estilo entrevista, entonces deberías comenzar a establecer una comunicación con tus invitados. Quizás quieras hacer algunas entrevistas de práctica primero con amigos o familiares, para que puedas refinar tu estilo antes de tu primera entrevista real.
Para tener una mejor idea de los estándares de calidad y temas en tu espacio, dedica un tiempo a los podcasts más importantes de iTunes. Escucha un puñado de sus episodios y mira qué indicadores de calidad tienen en común.
¿Cuentan historias increíbles?
¿Usan el humor?
¿Tienen una perspectiva interesante?
¿Crean entrevistas únicas?
Al aprender de los mejores, sabrás qué incluir y qué evitar al producir tus propios episodios.
Con el podcasting, la cantidad de dinero que puedes generar depende del tamaño y el nivel de involucramiento de su audiencia. Mientras más grande

sea tu audiencia y más descargas de podcasts tengas, mejores serán tus posibilidades de tener ingresos decentes.

Aquí hay algunas opciones para que explores: Vende tus propios productos y servicios relacionados con los temas de los que hablas;

Crea un sitio de membresía basado en tu podcast; Vende patrocinios, que leerás en voz alta durante los episodios;

Abre tu podcast para recibir donaciones.

Vende tu arte y diseños

Si tienes habilidades de diseño, puedes ganar dinero vendiendo tus diseños. Los sitios como Society6 facilitan la carga de tus diseños únicos y los venden a través de una variedad de artículos, como estuches para teléfonos, camisetas, tapices y mucho más.

Society6 te brinda la oportunidad de ganar dinero con tus diseños, sin ningún dinero por adelantado.

Puedes crear tu propia tienda, cargar tus diseños y elegir en qué elementos quieres que se muestren. Además, cuando alguien ordena un artículo en tu tienda, se le envía a pedido.

Si tienes diseños que le gustan a la gente, entonces esta puede ser una manera bastante pasiva de ganar dinero por internet.

Haz micro trabajos

Las micro tareas son tareas que requieren inteligencia humana para completarse. Incluso en la era de la automatización, hay ciertas tareas que aún necesitan untoque humano.

Estas tareas suelen ser muy simples y no requieren ninguna habilidad técnica. Por ejemplo, puede ser revisar los resultados de búsqueda de una palabra clave determinada, traducir un párrafo a otro idioma o clasificar el tono y la sensación de un artículo.

Los micro trabajos pueden ser divertidos y solo necesitas una computadora y conexión a Internet. El mejor lugar para inscribirse en estas tareas es a través de Amazon Mechanical Turk.

Simplemente regístrate, crea una cuenta y recibe tu dinero al completar micro trabajos.

Consultor de viajes

¿Has viajado por el mundo y quieres que otros experimenten las mismas aventuras que tú? ¿Eres organizado y puedes crear un plan? Entonces ser un asesor de viajes en línea podría ser para ti.

Verificar los precios y horarios de los vuelos, así como los itinerarios de catering para los intereses de tus clientes, pueden ser un buen ingreso con el tiempo. Para obtener una buena reputación, primero puedes ayudar a tus amigos y familiares. Ayúdalos a planificar el mejor viaje para que corran la voz de tu increíble trabajo.

Cómo ganar dinero por Internet sin invertir

Gana dinero por Internet sólo con tu correo electrónico

Si te estás preguntando si se puede ganar dinero por Internet sin trabajar mucho, y teniendo sólo una computadora y una dirección de correo electrónico, la respuesta es sí.

Y el método más fácil para conseguirlo es llenando encuestas pagadas.

Puedes dedicarle todo el tiempo que quieras, desde sólo 5 minutos cada día hasta un par de horas para conseguir más ingresos. Y lo único que tendrás que hacer será contestar preguntas sobre las cosas que te gustan y tus intereses.

Registrarte en páginas de encuestas no te llevará más de 2 minutos; después sólo debes mirar tu correo a diario para ver si hay nuevas preguntas para ti, y contestarlas para ganar dinero.

Si sabes escribir, sabes cómo ganar dinero por Internet

El contenido es el combustible de Internet. Sólo los usuarios de WordPress publican más de 347 entradas cada minuto (eso son unos 498.240 artículos cada día si eres de los que les gusta calcular).

Y todo este contenido, por supuesto, necesita ser escrito. Y aquí es donde tú, si eres escritor freelance, juegas un papel importante.

Aunque parece que últimamente hay una gran cantidad de escritores dispuestos a cobrar cantidades ridículas por escribir, también hay otro gran grupo de escritores profesionales de alta calidad en Internet.
Con esta idea para ganar dinero por Internet sin invertir puedes ganar una buena cantidad de ingresos como para costearte tu educación en la universidad o pagar tus facturas del hogar cómodamente.

Deja de contar tu vida en Twitter y empieza a ganar dinero

A menos que hayas estado congelado en una máquina del tiempo, seguro que sabes el poder que tienen las redes sociales. Sólo en Facebook se comparten unas 684.478 publicaciones de contenido por minuto. Así que como te puedes imaginar, se puede ganar dinero por Internet a través de las redes sociales yconvertirlas en un negocio muy lucrativo.
Empezar en estas plataformas es tan fácil como crear una página de Facebook / tableros en Pinterest / cuentas de Twitter y compartir contenido sobre ciertos temas (digamos, por ejemplo, sobre pérdida de peso). Según vayas construyendo tráfico (visitas, seguidores, más "me gusta") puedes también compartir enlaces comerciales para ganar dinero vendiendo productos. Algunos servicios como Adf.ly también pagan dinero porenviar a visitantes a través de sus enlaces.

Gana dinero ¡sólo por escuchar!

Esta es una idea increíble para ganar dinero por Internet sin invertir: ¡escuchar música!

Pocas son las personas a las que no les guste disfrutar de buenas canciones mientras ganan dinero, y con este método puedes conseguirlo de forma fácil.

En la web Slice the Pie puedes escuchar canciones de bandas o cantantes que quieren lanzar sus discos al mercado y por dar tu opinión sobre qué te parece la voz, la melodía, o la letra, te pagarán dinero mientras tu oído disfruta de las piezas.

Sólo debes registrarte, seleccionar los géneros de música que te gustan, y empezar a escuchar las canciones que aparecen y dar una puntuación.

Además, no es necesario escucharlo todo, sólo los 30 primeros segundos. Cuantas más opiniones hagas, más irá subiendo el monto de dinero que te pagan por cada canción.

El único problema es que necesitarás escribir tu opinión en inglés. Pero hay muchos usuarios de esta web que afirman ganar más de $60 al mes ¡sólo escuchando unas pocas canciones cada día!

GANAR DINERO COMO FACEBOOK GAMER EN BOLIVIA.

Facebook Gaming, es una nueva comunidad dentro de esta red social; tiene como propósito darles a los usuarios afines a los videojuegos, un espacio donde puedan interactuar como creadores o seguidores. Como seguidor, puedes observar e interactuar en las transmisiones en vivo de creadores-jugadores, además puedes explorar contenido nuevo, buscando por el juego o por el jugador. Como creador, juegas el rol de «Facebook gamer» y puedes realizar streamings (transmisiones en vivo), con el fin de entretener a los demás, darte a conocer y por qué no! ganar dinero. Actualmente, esta opción está disponible en 60 países, incluyendo Bolivia. por lo que muchos usuarios, inclusive empresas a nivel nacional, decidieron incursionar en el ámbito gamer.

Entonces si te apasionan los videojuegos y te gustaría generar ingresos con ellos, aquí te traigo algunos pasos para convertirte en Facebook gamer en Bolivia. (No olvides hacerlo desde una computadora).

Disponer de una página de Creador de Videojuegos. Para convertirte en Facebook gamer y realizar transmisiones en vivo, debes crearte una página de Facebook.

Buscar el botón de crear o (+) que se encuentra en la parte superior derecha de la interface de Facebook, a lado de tu nombre de usuario, y seleccionar la opción de «Página»; a continuación aparecerá una ventana donde, podrás personalizar tu página: escoge una imagen, portada y nombre, después selecciona la categoría de la misma (es importante que en categoría selecciones «creador de videojuegos» para que Facebook pueda tomarte en cuenta).

En Bolivia existen muchos usuarios que tienen el rol de Facebook gamer. Muchos de ellos se encuentran en nuestro departamento de cochabamba.

Si ya cuentas con una página de Facebook y no quieres crear una nueva, puedes transformar la tuya solo cambiando la categoría o agregándole como una segunda categoría.

Instala un codificador de software

Para realizar una óptima transmisión, es importante contar con un codificador de software que te permitirá hacer la conexión de tu videojuego con tu página de Facebook, para realizar el streaming. Existe varios programas que realizan esta función, pero Facebook Gaming te sugiere los siguientes :
STREAMLABS
OBS
XSPLIT
Una vez que instales el programa en tu ordenador, deberás realizar las configuraciones óptimas para el rendimiento de tu equipo, dependiendo al programa escogido esta configuración se realizará de manera automática o manual.
Después crea tu «escena», es decir, el diseño que tomará tu pantalla y tu cámara web, como los demás verán tu transmisión.
Es importante saber, que para comenzar como Facebook gamer, no es necesario tener un equipo super avanzado ni sofisticado, basta con una computadora con un buen procesador y cámara web. Posteriormente puedes agregarle micrófonos y cámaras externas con mejores resoluciones de audio y video.

Como ganar dinero por internet en Bolivia sin invertir

¿Quieres ganar dinero en línea y en casa?
El paso más importante es intentar algo. La mayoría de las empresas tardarán un tiempo en ponerse en marcha y llegar al punto en el que ganarás mucho dinero. ¡Pero necesitas comenzar por algún lado!

TRABAJAR DESDE CASA BOLIVIA
Poder trabajar desde casa ha sido desde siempre unos de los mejores sueños de ganarse la vida, pero sobre todo es más emocionante cuando se puede aprovechar el poder de las diferentes redes sociales que nos brinda Internet y explotar al máximo todas las alternativas que tiene.

DIFERENTES REDES SOCIALES PARA GENERAR NUEVOS INGRESOS. De esta manera, las redes sociales nos dan diversas oportunidades con las cuales podemos ser personas independientes, libres de responsabilidades ante un jefe y dándonos el gusto de usar nuestro tiempo a nuestro antojo, sin la necesidad de salir de casa.

SUENA INCREÍBLE ESTO PARA TI?? SABÍAS QUE AHORA PUEDES GANAR DINERO POR EL CELULAR ,LA PC , TABLET, ETC, TAN SOLO COMPARTIENDO PUBLICACIONES EN FACEBOOK

AHORA ESTE GENIAL SISTEMA ESTÁ HABILITADO EN BOLIVIA .

Pago de los últimos meses.
Tú que estás todo el día en las redes sociales compartiendo memes , fotos, comentando, mirando vídeo, y seguramente nadie te paga o no ganas dinero haciéndolo. **HOY PUEDES EMPEZAR.**

¡¡¡ SABES EL PORQUE NO GANAS DINERO POR INTERNET HOY EN BOLIVIA¡¡¡
Por la simple razón de que tienes miedo a superarte no crees en ti mismo por que si no fueras asi ya tú estuvieras ganando dinero hoy mismo con este nuevo sistema .

¡¡¡¡INCREÍBLES VENTAJAS DE TRABAJAR DESDE TU HOGAR HOY EN BOLIVIA Y EN TODOS LOS PAÍSES DEL MUNDO Y TU TE LO ESTAS PERDIENDO!!!!!!

1. Puedes comenzar y terminar cuando quieras. Eres tu propio jefe.

Dependiendo del tipo de trabajo que hagas, no estás obligado. Puedes elegir trabajar cuando quieras.
De esta manera, podrá pasar más tiempo con su familia y amigos haciendo las actividades que más te interesan.

2. No compites contra nadie.

Cuando trabajas desde tu casa a través de internet, solo hay una persona con la que tienes que competir diariamente; No hay compañeros de trabajo molestos alrededor. No hay presión mental, y puedes trabajar de la manera más libre y creativa que quieras. En lugar de luchar para obtener el mejor cubículo en la oficina, toda tu oficina ya es la mejor.

3. Más tiempo con la familia.

Puedes disfrutar el tiempo con tu familia, pasar tiempo con tu esposa / esposo / hijos / padres o cualquier otro. Esta es la ventaja de trabajar desde casa.
Se escucha de muchas personas, que lamentablemente solo llegan a ver a sus hijos cuando están dormidos, y que ellos crecen sin que hayas estado realmente en su vida. Muchas personas desean tener más tiempo para pasarlo con quienes aman, y el trabajar desde casa a través de internet cumple con ese requisito.

4. Ahorrarás tiempo al viajar de tu hogar a la oficina. Es más barato.

Cuando trabajas desde tu casa, no hay gastos de viaje, ni comidas caras de la empresa ni ropa formal costosa para la oficina. Si quieres, puedes trabajar en tus pijamas.
Y en muchas oportunidades hasta podrías trabajar desde la comodidad de tu cama, solo precisas usar tu

laptop o Tablet y comenzar a realizar el trabajo indicado.

5. Hay mucho menos estrés en casa.

Si bien la presión laboral existe en cualquier tipo de trabajo (incluido el trabajo a domicilio), siempre es menos que trabajar en una oficina.

- No necesitas salir de tu casa por la mañana para llegar a tiempo a la oficina. Así te evitas los embotellamientos, el tráfico, los bocinazos y mucho más.

- No tienes que enfrentarte a tus molestos compañeros de trabajo todos los días.

- Tus niveles de estrés se reducirán automáticamente, y puedes dar el 100% a tu trabajo.

Trabajar desde casa parece fácil y prometedor, pero tienes que entender que requiere mucho trabajo. Necesitas ser disciplinado, productivo y eficiente en lo que sea que hagas. Disciplinado porque no habrá nadie dándote órdenes para decirte que hacer, sencillamente tú pondrás tus horarios y tendrás que cumplirlos si o si para ser más productivo.

Como ganar dinero en internet 2020-2021 sin inversión.

Por lo tanto, muchas personas están perdiendo dinero debido al Coronavirus, especialmente los que trabajan por hora o por horas. Si tu trabajo lo envió a casa y no puedes ver las horas en el trabajo, tengo algunos consejos sobre cómo ganar dinero en línea. Estos no son trucos o cosas de spam. Estas son cosas que realmente hago yo mismo y que me han pagado. No te enrriquecerá exactamente, pero una gota es una gota y ayuda en... **MUCHO.**
Cómo dicen en la película ***"el precio del mañana". "Se hace mucho en un día"*** y porque un día es como una gota de agua que cae a la tierra y es aprovechada por la semilla. Entonces; ¿qué tanto te pareses a una semilla que quiere crecer y ser grande?

Como ganar dinero en esta Crisis 2020-2021
La implementación de la cuarentena y el distanciamiento social ha transformado la vida laboral de la mayoría de las personas en algo desconocido al hacer que las personas vuelvan a preocuparse por perder horas, sufrir recortes salariales o preocuparse por el desempleo. Sin embargo, todavía hay una variedad de recursos para ingresos adicionales que se adhieren a las reglas de distanciamiento social y podrían aliviar las tensiones que muchos estudiantes sienten en este momento. Aquí hay algunas ideas para perseguir durante tu tiempo libre en cuarentena para recaudar algo de dinero extra.

Aquí te dejo el TOP 10 paginas para ganar dinero enBolivia.

#1. Neobux : gana dinero por hacer encuestas , por ver anuncios , por jugar , por hacer minitrabajos.

2. Scarlet- clicks : gana dinero por ver anuncios , porhacer encuestas.

3 Airtm : Gana dinero por registrarte y por invitar personas , Airtm te sirve para retirar tu dinero de neobux , Scarlet- clicks y de muchas plataformas.

#4. Fanslave : Gana dinero por seguir personas en Facebook , por seguir personas en instagram , por seguir personas en twitter, por ver anuncios , por ver vídeos en youtube.

#5 Brave : Un navegador al igual que Google Chrome pero con la diferencia que te pagan por navegar en internet con una fluidez más rápida.

#6. Research : gana dinero por hacer búsquedas en internet.

#7 Banana Tic : gana dinero por jugar , por ver anuncios
, por descargar app etc.

#8 Shorte : Gana dinero por acortar enlaces y

compartirlos en tus redes sociales.

#9 Adulto : Gana dinero por acortar enlaces de contenido para adultos.

#10 Hotmart : Gana dinero por promover productos digitales en las redes sociales.

Compra de propiedades a bajo precio para reventa

Otro negocio relacionado con los bienes raíces es la compra de propiedades a bajos precios para su posterior reventa a precios de mercado. No solo en remates se pueden comprar terrenos, casas, o inmuebles en general a bajos precios, estar atento a las oportunidades también te permitirá hacerlo y más aún en este tiempo de cuarentena.

Personas que necesitan vender inmuebles en forma urgente para hacer frente a otras oportunidades de negocios, compra de otros bienes , para realizar inversiones en negocios, etc.

Personas que necesitan vender en forma urgente y a precios más bajos que los del mercado para saldar deudas o para el mismo sustento de la familia.

Empresas que necesitan deshacerse de inmuebles en forma urgente para realizar otras inversiones.

Compra de terrenos en futuros barrios privados.
Si tienes dinero y piensas invertir en inmuebles, una idea interesante relacionada con negocios inmobiliarios que deberías evaluar es la compra de terrenos dentro

de barrios privados o **countries** donde aún no se ha comenzado a construir.

Negocios inmobiliarios. Cómo comenzar sin dinero.
Una forma de ingresar al mercado de bienes raíces sin invertir un solo centavo es actuando como comisionista o intermediario entre compradores y vendedores.
Si tienes habilidades para descubrir oportunidades de negocios donde otros no las ven, ejercitate para aplicar esta capacidad en el mundo de los negocios inmobiliarios.
Ofrécete a los interesados en comprar o vender inmuebles como ayuda para conseguir vendedores o compradores y luego cobra una comisión.

Gana Dinero creando tu propia música electrónica.
Si te apasiona la música y la computación, ambos son una excelente combinación para crear música sin moverte de tu casa y crear tu propio negocio.
Existe gran cantidad de software para crear música y está al alcance de cualquier persona.
Estos programas permiten incorporar voz, instrumentos,multiplicarlos, crear efectos
especiales permitiendo crear música realmente impactante y dando la sensación de que se trata de toda una orquesta o grupo musical, cuando en realidad

hay una sola persona y sin ningún instrumento.

Profesiones y oficios con futuro. Grafología.

La grafología es la ciencia de determinar las características personales de un ser humano a través de su escritura.
Los informes de un grafólogo ayudan en gran cantidad de áreas y a diferentes
profesionales:

*Agencias de selección de personal
*Departamento de recursos humanos de empresas
*Criminología
*Psicopedagogos
*Terapeutas vocacionales.

Los crecientes conflictos laborales, la demanda de personal idóneo en empresas, la inseguridad, el aumento de consultas sobre orientación vocacional harán de la grafología una profesión muy importante y necesaria.

Crear juegos didácticos para computadoras sobre cómo hacerse millonario.

Si eres especialista en negocios, tienes experiencia o conocimiento en temas como creación de empresas, inversiones, negocios internacionales, y además tienes una mente curiosa, creativa e inquieta por que no asociarte a un programador web y crear un juego sobre negocios.
Algo inspirado en juegos como el legendario Monopoly,

o el actual Cashflow de Robert Kiyosaki.
Estos juegos despiertan pasión en quienes los practican y se forman gigantescas comunidades mundiales de usuarios llegando incluso a realizarse competencias internacionales.

(aunque no es una opción para poner en práctica en plena cuarentena este también es ideal para el futuro)
Crea tu propio servicio de mudanzas.
En las grandes ciudades los servicios de mudanzas son negocios muy rentables. Es un servicio de mucha demanda debido a que un alto grado de la población alquila
departamentos o casas y continuamente debe trasladarse de un lado a otro cuando culminan los contratos de alquiler.
Si bien en todas las ciudades existen personas que alquilan viviendas es en las grandes ciudades donde esto ocurre en importantes proporciones, por lo que si tienes un camion de carga es una buena opción para ganar dinero.

Crear y vender música instrumental para bebés.
Una excelente idea de negocio es la de crear música instrumental para bebe.
Si te dedicas a la creación de música por computadora este es un nicho de mercado muy interesante.
Están comprobados los múltiples beneficios que generan a los bebés hacerlos escuchar música especial ya desde la panza de su mamá y luego en los primeros años de vida.

Crear música propia para Musicoterapia.
En un artículo anterior escribimos sobre la idea de crear música a través de software y computadoras. He aquí algunas ideas sobre qué tipo de música puedes crear, dónde y cómo comercializar.
La musicoterapia es un campo que está en continuo crecimiento. Habla con musicoterapeutas para que te indiquen el tipo de música que necesitan según los tratamientos a realizar.

Crea música relajante.
Comenzamos una serie de artículos sobre como ganar dinero con un emprendimiento de creación de música instrumental por computadoras.
Otra alternativa es la creación de música new age para relajación mental.

Especialízate en la venta de negocios.
Desde los más pequeños hasta los mas grandes, los negocios se venden como cualquier otro bien aunque no tan fácilmente. Los negocios en venta son una oportunidad para ayudar a quienes desean vender su negocio, empresa o emprendimiento y cobrar una comisión por ello. Existen muchos motivos por los cuales una persona o sociedad decide poner su negocio en venta ya sea este pequeño, mediano o grande. Aquí aparece la figura del o los especialistas en venta de empresas y negocios. Es conveniente que quienes se dediquen a esta actividad conformen una sociedad compuesta por un abogado, un experto en marketing, y un contador o administrador de empresas.

Pon tu propio negocio de venta de ropa.

La venta de ropa ha tomado un nuevo impulso.
Si creías que vender ropa era algo ya demasiado común prueba con tu propio negocio de venta de ropa con aires folklóricos, son el boom del momento en todo el mundo. Se venden por internet como pan caliente.
Por eso no debes dejar de lado la venta de ropa online. Asóciate con un webmaster para montar una tienda de ropa por internet donde ofrecer estas prendas con airesfolkloricos.

Local de venta o tienda virtual de accesorios para teléfonos celulares.
El boom de los teléfonos celulares abre un sinnúmero de nuevas oportunidades de negocios para emprendedores.

Servicio antiestrés para personal de empresas. Una interesante idea de negocio para quienes se dediquen a enseñar o practicar técnicas anti estrés como yoga, Tai Chi Chuan, masajes descontracturantes, relajación, etc. Aprovecha tus conocimientos y habilidades para crear tu propio
emprendimiento de Servicio Antiestrés para personal deempresas.
Muchas empresas tienen serios problemas de estrés en el personal, ya sea del sector administrativo o de fábrica, lo que genera problemas de baja productividad, baja asistencia al trabajo, desgano, conflictos y peleas que entorpecen el trabajo y pueden llegar a significar pésimos negocios y hasta la quiebra de la empresa.

Sitio web de recetas de cocina.

Un tema muy interesante para un sitio web es el de las recetas de cocina y todos los
subtemas que este abarca: comidas caseras, platos gourmet, postres, bebidas,
panificación, mermeladas, embutidos, platos típicos,etc.
"Recetas de cocina" es una frase clave muy buscada en Internet. Cocinar está de moda y todos quieren aprender a preparar platos especiales para ocasiones especiales, delicias, postres, etc.
Los programas de televisión referidos al tema aumentan el interés de los usuarios de Internet en las recetas de cocina.

Sitio web de venta de libros y productos para defensa personal.

La inseguridad ha puesto de moda los productos de defensa personal, por lo que hoy en día es necesario saber un estilo de defensa personal.
Un sitio web es una excelente forma de venderlos, los interesados en comprarlos pueden verlos en una tienda virtual, leer las instrucciones de uso y analizar cuál les conviene más. Además, la mayoría de estos productos no se consiguen en muchas ciudades del interior del país, por lo que la única forma de comprarlos es a través de una tienda virtual en Internet. Aquí te precento algunos equipos con más demanda;

Sacos de Box, equipo para levantamiento de pesas, máquinas para trotar, equipo para abdominales, equipo para tríceps, equipo para omoplatos, etc...

Crea sitio web sobre golf.

El Golf es uno de los deportes que más adeptos y seguidores apasionados tiene en el mundo entero, y estos seguidores tienen la característica que en un 90% son personas de alto poder adquisitivo.

Un sitio web sobre golf podría reunir información y artículos sobre cómo mejorar las técnicas de juego, venta de libros, videos, DVD´s sobre los ases del golf mundial, historia, mejores canchas y lugares del mundo para practicarlo, Chat para intercambiar experiencias entre golfistas, foros de discusión, tablones de anuncios clasificados sobre Golf para aquellos que quieran vender o comprar equipamiento, etc.

Venta de automóviles por internet.

No es tan difícil como suena. Puedes empezar a vender automóviles por Internet a través de un simple sitio web en html. Trabajar solo con oferta y demanda de automóviles de tu ciudad o región. Es como tener un salón de ventas en Internet donde quienes desean comprar o vender sus autos encuentren la posibilidad de hacer negocio. Tú podrías cobrar una comisión.

Incluso si tienes dinero ahorrado, por qué no participar en la financiación de los vehículos.

Escribe tu propia revista o serie de historietas.

Anímate a ser el protagonista del regreso de las historietas. Muchos adolescentes y
los jóvenes tienen el verdadero don de poder dibujar muy bien. No desaproveches esas
habilidades, transformarlas en tu propio negocio y ganardinero.

Puedes escribir tu propia revista de historietas con nuevas y sorprendentes historias basadas en las tendencias de consumo de la sociedad actual como conspiraciones, superpoderes, ovnis, misterios en el mundo actual, en ciudades reales. (también tu historietapuede tratar del famoso kharisiri o el kari kari)

Profesiones con futuro. Personal Trainer.

Como mencionamos en ideas de negocios anteriores, se habla de que estamos
ingresando en la era del bienestar y la calidad de vida. Gracias al desarrollo tecnológico, las nuevas posibilidades de trabajar con éxito desde casa, con menos presión y más libertad, los productos nutricionales que permiten mejorar nuestra salud y fortalecerla y los avances médicos que permiten vivir más años, las personas comienzan a sentir el deseo de mejorar también su aspecto físico y mental. Pero no es fácil encontrar momentos para asistir al gimnasio o seguir un programa de actividades físicas solos, generalmente empezamos el gimnasio y a las semanasdejamos.

El Personal Trainer o Entrenador Personal de actividad física es quién puede ayudar en estos casos. Es una profesión cuyos servicios están comenzando a tener mucha demanda.

Personal trainer para personas con capacidades diferentes.

Las personas con capacidades especiales necesitan realizar actividades físicas como
cualquiera, actividades adaptadas a ellos según sus capacidades y dificultades.

Los profesores de educación física que se especialicen o capaciten para trabajar como Personal Trainer tienen la posibilidad de especializarse en entrenamiento para este sector de la población.

Organización de ruedas de negocios.

Las ruedas o rondas de negocios básicamente son reuniones entre empresarios o emprendedores que fabrican y ofrecen productos de determinado tipo y empresarios que demandan o buscan nuevos productos para sus cadenas de comercialización.

A través de las ruedas de negocios los emprendedores logran encontrar quienes compran o fabrican sus productos o inventos.Tu puedes estar a cargo de la organización de estos eventos tanto a nivel nacional como internacional.

Servicio de rastreo y localización de mascotas perdidas con dispositivos GPS.

Esta idea de negocio es muy interesante para jóvenes emprendedores y amantes de las mascotas y animales en general.

Puedes crear tus propios collares para perros con rastreadores GPS y venderlos por la web.

Venta de tejidos aborígenes por internet.

¡Vaya combinación de conceptos! ¡Productos ancestrales y milenarios con herramientas de ventas última tecnología!

La venta de tejidos y ropa aborigen de primera calidad, elaborada a partir de materia prima autóctona, con diseños y decoraciones típicas de las comunidades originarias de nuestro país puede ser un excelente negocio si es llevado a Internet a través de una tienda virtual.

En el mundo existen decenas de miles de coleccionistas de vestimenta y tejidos de este tipo, amantes de culturas aborígenes de cada lugar del planeta y de sus formas de vida y de vestir.

Venta de productos de los años 80.

¿Y por qué de los 80´s y no de otras épocas? Porque fue la década donde comenzaron a salir al mercado los primeros productos en materia de tecnología que hoy conocemos y que están revolucionando la historia, tanto computadoras de escritorio, como hogareñas, además es el sector de demanda de productos de su época con mayor número de personas. Quienes vivieron su adolescencia y primera juventud en la década del ochenta están hoy alrededor de los cuarenta años, época de la vida donde la nostalgia se siente a flor de piel y por lo tanto el interés en aquello que recuerde las primeras emociones de la adolescencia crea un nicho a satisfacer.

Transforma tu experiencia y conocimientos en un libro electrónico y véndelo por internet.

¿Te has dedicado por muchos años a una determinada actividad, oficio o profesión?

Imagina por un momento cuántas personas en todo el mundo pueden estar buscando aprender lo que tu sabes o de la forma en que tu lo sabes, que seguramente es única. Podrías transformar toda esa experiencia y conocimientos en una montaña de dinero plasmando todo lo que sabes en un "libro electrónico" o "ebook" para luego publicarlo y venderlo por Internet a potenciales interesados de todo el mundo, en la actualidad hacerlo es muy fácil.

Electricidad a partir de energía solar y eólica para el hogar.

Las más grandes empresas del mundo (Incluido el coloso de Internet: Google Inc.) están realizando inversiones millonarias en desarrollo de generadores eólicos y solares, esto es porque saben que será el negocio del futuro.

El continuo aumento del costo de la energía eléctrica y la cada vez mayor dificultad para cubrir la demanda de la misma generan una interesantísima oportunidad de negocios: La fabricación y venta de sistemas hogareños de obtención de energía eléctrica a partir de energía solar y eólica (viento).

Aprende técnicas de cromado, cobrizado, niquelado, metalizado.

¿Cómo hacer que tu nuevo negocio tenga éxito? Busca
una actividad exclusiva, que pocas personas realicen, o que pocas personas sepan o puedan hacer, un oficio poco habitual.
Un ejemplo es el del experto en cromado, niquelado, cobreado o metalizado de superficies. Aprender esta actividad puede abrirte las puertas a tu libertad financiera.
Es sabido por ejemplo que un buen cromado muy pocas personas saben hacerlo, ya que se trata de un trabajo artesanal y quienes los realizan tienen sus propias fórmulas y secretos.

Ganar dinero con la globología o el arte de la decoración con globos.

(puedes empezar a aprender este arte en este tiempo de cuarentena ya que no siempre estaremos arraigados por el virus y podrá servirte para futuros eventos)

La globología es el arte de decorar fiestas y eventos utilizando globos de distintos
tamaños y colores, como también la elaboración de figuras (animales, muñecos, espadas, etc) utilizando globos especiales.
Transforma el apasionante arte de la globología en un negocio exitoso.
Esta es otra idea de negocio relacionada con el mundo

de la animación de eventos infantiles, por lo que es una

actividad especial ingresar a este rubro con mínima inversión y luego ir desarrollando el negocio a mayor escala.

Dedícate a calibrar y afinar instrumentos musicales. En grandes ciudades este puede ser un oficio muy rentable del cual se puede vivir tranquilamente. Pero debes vivir en una zona de gran cantidad de habitantes como una capital o un área de más de 1 millón de habitantes donde los potenciales clientes sean suficientes.
Demás está decir que debes poseer conocimientos de música. Pero es una propuesta interesante, muchas personas se dedican a esta tarea y para afinar distintos instrumentos cobran de acuerdo al tipo de instrumento.

Servicio de sepelio o funeraria para mascotas.
Si amas los animales y las mascotas sabrás que este es un servicio muy importante para tantas personas como tú.
La mayoría de las personas que tienen mascotas los consideran parte de su familia y para muchas personas solas es su única, afectuosa y terapéutica compañía.Una forma de superar el dolor que significa perderlas podría ser disponer de este servicio de sepelio para mascotas que trate con el máximo respeto al animal por todo lo que significó para la vida de sus dueños.La funeraria para mascotas debería incluir el traslado del animal, la posible cremación y recuperación de cenizas en contenedores especiales acordes a quien va destinado.

Inventa un dispositivo para auto ahorro de agua.

El cuidado del agua es una de las mayores problemáticas de la actualidad. Según últimos estudios los negocios basados en fabricación y venta de sistemas de purificación de agua así como los de obtención de agua purificada están posicionándose entre los más importantes en un futuro muy próximo.

Pero tan importantes como los negocios basados en potabilizar el agua, serán los emprendimientos basados en cuidarla o ahorrarla. Es por eso que quien pueda inventar o desarrollar dispositivos para ahorrar o reciclar agua habrá encontrado una nueva mina de oro.

Lubricentro móvil. Cambios de aceite y filtros a domicilio.

Seguimos con las ideas basadas en servicios a domicilio. Una muy interesante y que hemos visto con mucho éxito trata de un lubricentro móvil.

No es más que un camión cuya parte trasera incluye un taller para cambio de aceite y filtros de aire y combustible, correas y otras reparaciones menores.

Ante un llamado telefónico de alguien que por diferentes motivos no puede llevar su

vehículo al taller, el camión acude al domicilio o dirección donde se encuentra el vehículo y realiza allí los cambios de aceite, filtros, correas o lo que haga falta.

Venta de dispositivos para ahorrar combustible o gasolina en automóviles.

Desde hace varios años existen en el mercado interesantes opciones para incorporar a nuestros automóviles con el fin de ahorrar combustible o gasolina.

Estos dispositivos realmente funcionan y cada vez se están usando más y más. Es sencillo darse cuenta porque: La crisis tanto económica, como energética y el creciente costo de los combustibles hacen que las personas se decidan a utilizar estos dispositivos para ahorrar combustible y disminuir los gastos en este sentido.

Servicio de polarizados de autos a domicilio.

El polarizado de cristales de autos es un trabajo sencillo, fácil de realizar y con muy pocas herramientas por lo que es especial para realizar a domicilio y esto es porque tienen cada vez más demanda y se paga mucho más por ellos lo que finalmente los hace más rentables.

Este es otro servicio que puede realizarse a domicilio sin dificultad, especial para iniciar en época de primavera o en cercanía del verano ya que es la época en que más molesta el sol a los conductores y los acondicionadores de aire se ven forzados por el calor.

Cerrajería del automotor a domicilio.

El servicio de cerrajería automotor puede transformarse en un lucrativo negocio si lo brindas a domicilio. Muchas empresas o talleres de automóviles brindan, como anexo, el servicio de

cerrajería, pero muy pocos lo hacen a domicilio o en el lugar donde el vehículo tenga el problema.
Tanto las llaves para el arranque como las de apertura de puertas o baul, en algún
momento se dañan, generalmente en el más inesperado e inoportuno, es allí donde tú debes estar presente si quieres brindar este servicio.

Lavado de autos a domicilio.
(a diferencia de la opción ya antes mencionada, esta opción es para jóvenes y adultos)
Tienes dos alternativas para emprender este negocio de lavado de autos a domicilio. Una es de baja inversión y consiste simplemente en acudir al domicilio del propietario del automóvil que debe ser lavado con simples elementos de limpieza como detergentes especiales, trapos, cepillos y baldes.
La otra alternativa de mayor inversión es disponer de un vehículo utilitario tipo camión equipado para cargar al vehículo y lavarlo rápidamente en su interior en forma automática, es decir un lavadero de autos automático y portable.
Llevas tu "camión lavadero" al domicilio del dueño del auto, pasas el vehículo por el interior del camión o acoplado y ya está, puedes atender decenas por día sinmojarse siquiera.

Venta de agua purificada.
Siguiendo con la línea de ideas de negocios del futuro, la venta de agua purificada es también una de ellas.

Los grandes conflictos internacionales en el futuro serán por agua, ya se están dando entre algunos países. No pretendemos ser drásticos pero lamentablemente ya todos conocemos cuál es el problema más grande que comienza a aquejar a la humanidad, sin duda el agua pura y potable.

Reparación de teléfonos celulares.

¿Sabías que la mayoría de las personas ante el menor desperfecto en sus celulares opta por cambiarlos sin saber que puede repararlos fácilmente? La mayor parte de las veces se trata de simples averías muy fáciles de solucionar, ofrece este servicio donde el éxito depende de la publicidad ya que debes estar en boca de todos, ante el mínimo mal funcionamiento de un celular su propietario debe pensar en ti, si pasas desapercibido el negocio no funcionará.

Monta tu propia Radio Online.

Las radios online, son transmisiones de programas similares a los radiales pero se
realizan a través de Internet, de modo que cualquier persona desde cualquier lugar del mundo pueda escucharlas.

En el mundo globalizado de hoy cada vez es más común que las personas viajen a otros países o ciudades por razones laborales y allí echen raíces.

(Bill Gates, el creador del sistema operativo Windows y el hombre más rico del mundo dijo: "- En los próximos 10 años tener un negocio en Internet no será ya una cuestión de opción, sino una cuestión de supervivencia."
Si consideramos que Bill Gates acertó cada una de las visionarias profecías
tecnológicas que anunció, es una frase a tener en cuenta)

Sistemas de purificación de agua.
La fabricación y venta de sistemas de purificación de agua será uno de los negocios más exitosos en un futuro inmediato. Lamentablemente la temida escasez de agua está comenzando a hacerse realidad en muchos lugares del planeta, tanto en países subdesarrollados como en aquellos que se encuentran en vías de desarrollo y en países desarrollados.

Venta de peluches gigantes por internet.
A ver si te animas. La idea es crear un sitio web con una tienda virtual a través de la cual ofrecer peluches gigantes como osos, perros, gatos, conejos, que por el tamaño belleza y ternura causan tanta admiración en niños y adultos, pero a su vez incluyendo una innovación: Que el interesado (sea padre o niño) pueda elegir entre distintas galerías de imágenes cómo lo

quiere, de qué tamaño, de qué color, con qué forma, con que detalles extras, etc.

Fabricar y vender cocinas y hornos solares.
Todas las industrias relacionadas con el aprovechamiento de energías alternativas y sustentables como la eólica (viento) y solar están en pleno crecimiento.
Un sector interesante para emprendedores audaces es el de la fabricación y venta de sencillas cocinas solares parabólicas o de pantalla y hornos solares, y son muy fáciles de fabricar. Las aplicaciones prácticas de estos dispositivos pueden ser muy variadas como por ejemplo cocinar en zonas inhóspitas donde no se puede contar con gas, combustible, leña, o donde existan personas que no desean contaminar el medio ambiente y quieren aprovechar las energías limpias y permanentes que nos ofrece la naturaleza. Ahora, aparte de vender cocinas y hornos solares, puedes contratar gente para que vendan masas horneadas con energía solar.

Creación de novelas gráficas para jóvenes y adultos.
Anteriormente te mencioné a los cuentos personalizados para niños, ahora por qué no hacer lo mismo pero para jóvenes y adultos?, las temáticas pueden tratar de historias dramáticas o aventuras con contenido más extravagante que para los niños.

Fabricar colchonetas para gimnasia y yoga.

Siguiendo con la serie de artículos sobre productos más vendidos en internet que puedes fabricar tú mismo desde casa podemos mencionar a las colchonetas para gimnasia, yoga o deportivas.

Estas colchonetas se venden muy bien en sitios como Mercadolibre.com, es uno de los 50 productos más vendidos. Son sumamente fáciles de fabricar.

Fabrica catres de madera para bebés para vender por internet.

Otro producto interesante que puedes fabricar fácilmente desde casa para vender por Internet son los catres de madera para bebés. Son uno de los productos más vendidos en Mercadolibre.com.

Para que resulten más económicos convendría fabricarlos en madera de pino y luego barnizarlos con distintas tonalidades, pintarlos en distintos colores o blanquearlos, siempre de acuerdo al gusto de los clientes. Lo ideal es ponerlos a la venta completos con soporte de madera plegable, porta tul, tul, colchón de goma espuma con base rígida forrado y con almohada.

Negocio de venta de libros de humor.

Si siempre te ha interesado ser el propietario de una librería pero nunca te has animado a emprender esta actividad por ser un rubro que ya se encuentra demasiado explotado, ahora puedes lograrlo con excelentes posibilidades de éxito.

Hoy en día estamos bombardeados con noticias dolorosas, sombrías y tristes, además el vertiginoso ritmo de vida que llevamos hace que nuestra existencia poco a poco se torne angustiante y complicada, entonces es ahí donde tú debes estar para alegrar las vidas de los los demás con tus libros de humor.

Crea tu propia tienda virtual desde casa.

Crea tu propia tienda virtual y gana excelentes comisiones trabajando desde tu propia casa. Las tecnologías relacionadas a internet y a los sitios web son cada vez más simples y fáciles de manejar por cualquier persona aunque no tenga conocimientos relacionados. Así lo asegura Julián de Cervantes quién después de intentar vender miles de productos por internet seleccionó los que realmente funcionan y la forma de crear una tienda virtual sencilla pero efectiva que puede ser administrada por cualquier persona desde su hogar con solo conocimientos básicos de internet como saber manejar una cuenta de e-mail o registrarse en un sitio web.

Venta de mariscos por internet.

Si estás buscando productos distintos para vender por internet, esta idea te puede resultar interesante.

Se trata de un emprendedor español que se animó a ofrecer vía internet y a través de una tienda virtual un producto diferente y que no estaba siendo explotado a través de este medio: "Mariscos" a toda España.

Visto el éxito de la novedad amplió la oferta y comenzó a comercializar también centollas, camarones, langostas, cigalas, nécoras, percebe, bogavante, empanadas y vinos gallegos.

Cultivo de nuez pecan.

La nuez pecán conocida como la "reina de las frutas secas", posee características extraordinarias: Es rica en vitaminas, es baja en colesterol, no contiene sales, posee un intenso y agradable sabor y aroma, posee ácidos grasos no saturados en mayor porcentaje que otras frutas secas, por lo que es una nuez "netamente saludable".

Dentro de los aceites vegetales supera en calidad al de maíz y soja, siendo comparable al de oliva. Su demanda y precio han aumentado exponencialmente, motivados por la creciente tendencia hacia el consumo de productos orgánicos, saludables y de alto valor energético.

Huertos solares.

Los huertos solares son áreas de terreno sobre suelo o sobre un edificio con una terraza de gran superficie donde se instalan gran cantidad de paneles de celdas solares. Esto se hace en muchos países con el fin de suministrar energía eléctrica a un barrio, un área de población, una fábrica, empresa o centro comercial.

El alto rendimiento y el largo tiempo de vida útil de mas de 30 años que tienen los paneles fotovoltaicos actuales hacen que esta forma alternativa de obtener energía sea muy rentable y sustentable en el tiempo.

Curso de confección de ropa para perros.

¿Amas a los perros? Se está poniendo de moda un divertido e interesante negocio

relacionado con ellos: La confección de ropa para perros. Si posees uno sabrás que los accesorios y vestimentas para ellos se pagan muy bien.
Son mas caros que para los humanos.
Cada vez es mayor la demanda de vestimenta o ropa para perros y sus
dueños están dispuestos a pagar casi cualquier cantidad por ver a sus cachorros vestidos al último grito de la moda canina. Lo mas interesante, los patrones cortes y diseños mas usados están al alcance de todos nosotros a través de los nuevos cursos de corte y confección de ropa para perros.

Emprendimiento de documentales en video sobre distintas temáticas.
¿Por que no? Si amas la naturaleza, tienes amplios conocimientos sobre algún tema en especial como ecología, botánica, ciencia, etc. podrías dedicarte a la filmación de cortos documentales sobre esos temas y ofrecerlos a canales de televisión o publicarlos en sitios de internet y cobrar por ellos. Una cámara filmadora profesional, una isla de edición, grabadoras, y software adecuado serán suficientes para transformar tu vida en una aventura. Salir a realizar filmaciones en medio de la naturaleza, rescatar curiosidades y cosas que el común de la gente no conoce, recorrer y filmar lugares insólitos, extremos, inexplorados.

Así podemos seguir con un sin fin de iluminaciones en este tema de ganar recursos económicos en tiempos de

cuarentena para grandes y chicos y para generaciones futuras, pero como ya leíste, querido lector, aquí te dejo con estas contadas opciones para que tú y tu familia puedan salir adelante aún en este tiempo tan crucial para nuestro país y también para el mundo entero, y también aplicar estas iluminaciones en futuras generaciones. No está demás saber del mundo del internet ya que puedes sacarle muchos beneficios para tu economía y no sólo eso, también te harás muy sabio en esto del mundo de la Internet, el único problema será no haber comprendido el contenido de este libro. Lo importante es no desmotivarse porque contamos con la ayuda de un gran padre, DIOS, pero si eres ateo o no creyente, respeto tus puntos de vista, pero si eres ateo te invito a hacerte estas preguntas:
¿De dónde venimos?, ¿quién creó la tierra que hoy pisamos?, ¿cuanta mentira hay en la teoría de la evolución y cuánto hay de verdad?, ¿somos seres humanos?, ¿qué somos?, ¿a dónde vamos?, ¿qué es la libertad de albedrío?, ¿por qué la biblia es el único libro que no desapareció desde hace siglos?.
Antes que la ciencia y los filósofos dijeran que la tierra es como una esfera que flota, en este libro de la biblia ya decía esto: **(job 26-7) Él extiende el cielo del norte sobre el vacío, suspende la tierra sobre la nada.**
Pero mi intención no es hacer que vayas a la iglesia o algo por el estilo, yo no voy a la iglesia, pero eso no quiere decir que sea un ateo o no creyente, pero sí te digo que soy un hombre perdonado, todos podemos ser libres, pero si todo está ahí y podemos verlo y palparlo y sentirlo, no podemos autoengañarnos con "verdades"

auto impuestas y si lo que tú crees, crees que es algo indiscutible, por qué no sales de tu cueva mental y lo demuestras al mundo entero y te haces alguien visible como **Albert Einstein, Socrates, Aristoteles, Platón, Stephen W. Hawking, etc…**

Pero bueno, hasta aquí llegamos, espero que pongas en práctica esto que te enseño en este libro, pero solo dependerá de tí si esto te funciona o no, porque ya tienes un arma en tu mano y de tí depende cómo emplearlo para salir a la jungla y arrasar o no con TODO.

Mis mejores deseos para tí, querid@ lector(a), y hasta pronto.

Printed by Books on Demand GmbH, Norderstedt / Germany